일본어일기
표현사전
워크북

일본어일기 표현사전 워크북

지은이 일본어콘텐츠개발팀
펴낸이 최정심
펴낸곳 (주)GCC

초판 1쇄 발행 2006년 12월 30일
초판 3쇄 발행 2007년 9월 15일

2판 1쇄 발행 2019년 2월 20일
2판 2쇄 발행 2019년 2월 25일

출판신고 제 406-2018-000082호
주소 10880 경기도 파주시 지목로 5
전화 (031) 8071-5700 팩스 (031) 8071-5200

ISBN 979-11-89432-97-3 13730

www.nexusbook.com

내가 쓰고 싶은 말이 다 있는

일본어일기
표현사전

JAPANESE DIARY
DICTIONARY

일본어콘텐츠개발팀 지음

워크북

넥서스 JAPANESE

들어가는 말

1 이 책은 학습자들의 학습에 도움을 주기 위해 〈일본어일기 표현사전〉 내용 중에서 각 테마별로 자주 쓰는 표현 등을 간추려 구성한 것이다.

2 이 책의 시제는 일기 표현이라는 용도를 감안하여 대부분 완료 또는 과거형으로 표시하였다.

3 단어 하나하나의 의미를 표현하기보다는 문장 전체의 일본식 표현을 위주로 하다 보니 한국어와 일본어의 일대일 직역이 되지 않는 부분도 있다.

4 워크북의 정답은 〈일본어일기 표현사전〉에 나온 표현으로 하고 있으며, 실제로는 학습자의 학습 수준이나 어휘 구사력에 따라 정답은 여러 종류로 나올 수 있다.

5 전체적으로는 본책과 같은 순서에 따라 CHAPTER21로 나누어서 구성하였다. 각 CHAPTER는 PART5로 나누어서 일본어 독음 쓰기와 어휘 연습을 하고, 단어를 구성하여 작문하는 연습, 단문의 문장 작문 연습, 일기문 속 빈칸 채우기 등으로 구성하였다.

CHAPTER 21

1. 날씨 · 계절

Part ① 다음 단어의 알맞은 읽기와 뜻을 쓰세요.

1 気まぐれ   (,   )

2 春めく   (,   )

3 るんるん   (,   )

4 べたつく   (,   )

5 できるだけ (,   )

6 かじかむ   (,   )

7 ごったがえす (,   )

8 引っ張る   (,   )

Part ② 알맞은 일본어를 쓰세요.

1 황사

2. 자외선

3 장마

4 눈사람

5 뭐라고 말을 못하다

6 ~투성이

7 맑다

Part ③ 주어진 단어들로 문장을 만드세요.

1 山 色 なる 美しい 秋 と 染まる

가을이 되면 산은 아름다운 색으로 물든다.

2 かすむ 黄砂 みたい 霧がかかる 空

황사 먼지로 하늘이 뿌옇게 안개 낀 것 같았다.

3 好きだ 夏 ので 野外活動 最適 私 する

야외 활동 하기에는 여름이 제일 좋기 때문에 나는 여름을 좋아한다.

4 夏 降る 今年 長い間 干ばつ 雨 ので なる

비가 오랫동안 오지 않아 올 여름은 가뭄이 들었다.

5 むける 日焼け 皮 する

햇볕에 노출을 너무 많이 해서 피부가 벗겨졌다.

6 大雪 ごったがえす 思う 世の中 たくさん ほしい ため 降る 私 ゆき

폭설 때문에 세상이 온통 뒤죽박죽이 되어도 나는 눈이 많이 오는 것이 좋다.

1 상쾌한 날씨였다.

2 날씨가 개었다.

3 날씨가 점점 좋아졌다.

4 변덕스러운 날씨였다.

5 일기예보에 따르면, 오후부터 날씨가 좋아질 것이라고 한다.

6 기온이 영하 10도까지 떨어졌다.

7 봄이 되어 날씨가 따뜻해졌다.

8 오늘 아침에는 안개가 꼈다.

9 비가 올 것 같았다.

10 나뭇잎이 빨갛게 물들었다.

1 ....。私が一番嫌いなのは、夏の夜の蚊だ。去年の夏は本当に我慢しがたい暑さだった。

2 ....。その暑さを吹き飛ばすためにいろんな方法を試してみたことが、今でも思い出される。一日に何回もシャワーをしてみたし、氷ぶくろを体にあててみたりもした。熱で暑さを退治するともというので、熱いサンゲタンを食べたりした。3 ....。蒸し暑さに勝ち抜くための良い方法はないだろうか。今年の夏には家族と海にでも行って休暇を過したい。4 ....。それともはじめから、夏を飛び越して、秋が来たらいいのになあと思う。

1 나는 더위를 잘 타고 땀이 많이 나기 때문에 여름을 좋아하지 않는다.

....

2 그 더위는 정말 나를 힘들게 했다.

....

3 올여름을 어떻게 보낼지 또 걱정이 된다.

....

4 올여름은 작년보다 덜 더웠으면 좋겠다.

....

2. 하루 일과

Part ① 다음 단어의 알맞은 읽기와 뜻을 쓰세요.

1 すがすがしい   (,   )

2 戸締り   (,   )

3 苦手   (,   )

4 早起きする   (,   )

5 ブローする   (,   )

6 下着   (,   )

7 門限   (,   )

Part ② 알맞은 일본어를 쓰세요.

1 손에 넣다

2 터무니없다

3 화가 나다

4 창피하다

5 자명종

6 초조하다

7 불면증

Part ❸ 주어진 단어들로 문장을 만드세요.

1 鍵がかかる　ドア　頭に来る
문이 잠겨 있어서 화가 났다.

2 さっぱり　残念　気分　が
시원섭섭했다.

3 知らせ　驚く　私　とても
나는 그 소식에 깜짝 놀랐다.

4 飛び出す　分かる　いい　どうする　たら
당황하여 뛰쳐나갔다.

5 布団に入る　悩み　早めに　忘れる
고민을 잊어보려고 일찍 잠자리에 들었다.

6 関心　どんな　起こる　こと
무슨 일이 일어나든 관심 없다.

Part ④ 다음 문장을 일본어로 작문하세요.

1 날이 밝아왔다.

2 나는 언제나 늦게 자고 늦게 일어난다.

3 나는 잠꾸러기이다.

4 일어나자마자 욕실에 갔다.

5 외출하고 싶지 않았다.

6 우리 가족은 나를 리모콘이라고 부른다.

7 일찍 잠을 자야겠다.

8 나는 잠을 자면서 꿈을 많이 꾼다.

9 밤새 잠자리에서 뒤척였다.

10 괴로움이 있으면 즐거움도 있다.

ただ、なんとなく休みたかった。1 ....。毎朝、同じ時間に起きて、朝食を食べて家を出る。一日中、学校で授業を受けて、友達にでも偶然に道ばたで会ったら、おやつとかを飲み食いしながら、ダイエットとか人気スターのうわさみたいな、ささいなことで雑談をする。家に帰ってからは夕食を食べて、ほかの家族の顔色をうかがいながらソファーに横になって、テレビを見る。2 ....。まるで私が回し車をくるくる回しながら走っている、りすみたいだと思ったりもする。何か変化がほしい。何かわくわくできることがあったらいいなあと思う。私は今すぐにでも自由に全国一周をしたいが、そうすることのできない現実も理解している。3 ....。他の国のいろいろな人たちと会ってみたい。それから、いろいろな国の文化も経験してみたい。

1 매일의 일상이 지겹다.

2 간혹 저녁에 숙제를 하기도 하고, 시험 준비 등을 할 때도 있지만, 매일 똑같은 일들이다.

3 앞으로 돈을 충분히 벌게 되면 나는 세계 일주를 할 것이다.

3. 가족

Part ① 다음 단어의 알맞은 읽기와 뜻을 쓰세요.

1 末っ子　　　　　（　　　　　　，　　　　　）

2 のめり込む　　　（　　　　　　，　　　　　）

3 心地好い　　　　（　　　　　　，　　　　　）

4 あまのじゃく　　（　　　　　　，　　　　　）

5 いとこ　　　　　（　　　　　　，　　　　　）

6 良妻賢母　　　　（　　　　　　，　　　　　）

Part ② 알맞은 일본어를 쓰세요.

1 잔소리

2 치매

3 아들

4 외동

5 사춘기

6 부활절

Part ❸ 주어진 단어들로 문장을 만드세요.

1 ソウルっ子 私

나는 서울 토박이이다.

....

2 努力 息子 なる 立派 いる

좋은 아들이 되려고 노력한다.

....

3 母 必要 ある 探す 何か 私 もの

나는 뭔가 필요한 게 있으면 엄마를 찾는다.

....

4 希望 将来 みんな 抱く 私達 ついて

우리는 모두 미래에 대한 희망을 가지고 있다.

....

5 信仰 私 浅い

나는 믿음이 약하다.

....

6 お寺 行く 私 お参り

나는 절에 불공하러 갔다.

....

1   우리 가족은 대가족이다.

2   우리 부모님은 가끔 내 마음을 몰라주신다.

3   아빠와 나는 세대 차를 별로 느끼지 못한다.

4   나는 외동딸이고 형제가 없다.

5   나는 남동생과 만나기만 하면 싸운다.

6   나는 남동생과 성격이 매우 다르다.

7   우리 언니는 항상 웃는 얼굴이다.

8   나는 촉망받는 전문의가 되고 싶다.

9   나는 어렸을 때 기독교 신자가 되었다.

10   나는 항상 그를 위해 기도한다.

本当に私は母を理解することができない。ときどき母を理解しようと努力するが、1 ....。他の子供たちの目に写る私の母は、ほとんど教育にだけ関心を示す母だ。それから、あるときは朝食も食べずに、学校に行った娘に、間食を持ってきてくれるくらいやさしい母でもある。しかし、私が絶対に理解できない部分もある。普段は教育だけに関心を示しながら、友達関係にも神経を使いなさいと言う。もちろん、悪いことではない。だが、母にとって友達とは、勉強を一生懸命したり、勉強が良くできる、そして、私の模範となる友達に該当する。2 ....。ところが、母は成績のいい子供たちを友達として決めつけているようだ。3 ....。しかし、そうだからといって、勉強ができる友達だけつきあわなければならないことはないと思う。私はそうしたくない。母は本当に理解しがたい存在だ。

1 나는 아직도 엄마가 어떤 사람인지 잘 모르겠다.

....

2 우리 엄마는 절대로 단지 공부로 친구를 판단하진 않으실 줄 알았다.

....

3 물론 공부를 잘하는 친구는 나에게 도움을 줄 수 있다.

....

4. 집안일

Part ① 다음 단어의 알맞은 읽기와 뜻을 쓰세요.

1 アイロンがけ   (,   )

2 蛇口   (,   )

3 水気   (,   )

4 物干し   (,   )

5 湿っぽい   (,   )

6 包丁   (,   )

7 支度   (,   )

Part ② 알맞은 일본어를 쓰세요.

1 옷장

2 가정부

3 싱크대

4 벽지

5 설거지

6 얼룩

7 쓰레기통

Part ❸ 주어진 단어들로 문장을 만드세요.

1 掃除　部屋　決心　きれい
방을 깨끗이 청소하기로 마음먹었다.

....

2 ゴミ箱　入れる　ごみ
쓰레기는 휴지통에 넣었다.

....

3 濯機　取り出す　洗濯物　から
빨래를 세탁기에서 꺼냈다.

....

4 おかず入れ　食べ物　残る　入れる
남은 음식들을 반찬통에 넣었다.

....

5 家事　疲れる　きりがない　私
끝이 없는 집안일은 나를 매우 지치게 한다.

....

Part ④ 다음 문장을 일본어로 작문하세요.

1 방이 온통 어질러져 있었다.

2 옷 색깔이 바랬다.

3 빨래를 갰다.

4 식탁 위에 반찬을 놓았다.

5 집의 가구를 재배치했다.

6 새는 곳을 막았다.

7 전화가 고장났다.

8 전기가 나갔다.

9 문이 움직이지 않는다.

10 집에서 할 일이 매우 많았다.

今日は、一日中、家で家事をしながら、1 ....。朝、朝
食を準備して皿洗いをした。台所の仕事を終えて、家のなかの掃除をした。
たまった洗濯物もたくさんあった。2 ....。洗濯物を干
すとき、腰が少し痛かった。すわってちょっと休みたくなって時間を見た
ら、もう昼ごはんの時間だった。昼ごはんはパンを食べた。少し専攻科目の
勉強をしたかと思ったら、また夕食の準備をする時間だった。お米を洗っ
て、キムチチゲを作った。3 ....。本当にしんどい一日
だった。世の中で家事が一番たいへんじゃないかと思った。特に女性の中で
も主婦が一番たいへんだと思った。

1 집안일이 너무 힘겹다는 것을 또 한 번 깨달았다.

   ....

2 세탁할 수 있는 옷을 모아서 색깔별로 분류한 후 세탁기로 빨래를 했다.

   ....

3 식구들이 하나둘 들어오기 시작했고, 다 같이 저녁을 먹었다.

   ....

5. 일상생활

Part ① 다음 단어의 알맞은 읽기와 뜻을 쓰세요.

1 しゃっくり　　　　　(　　　　　,　　　　　)

2 けだるい　　　　　　(　　　　　,　　　　　)

3 じゃんけんぽん　　　(　　　　　,　　　　　)

4 ひき逃げ　　　　　　(　　　　　,　　　　　)

5 過ち　　　　　　　　(　　　　　,　　　　　)

6 銭湯　　　　　　　　(　　　　　,　　　　　)

Part ② 알맞은 일본어를 쓰세요.

1 설사

2 갈아타다

3 이메일 친구

4 용돈

5 코를 풀다

6 수표

1 手 飲む 震える と コーヒー

커피를 마시면 손이 떨린다.

....

2 並ぶ 多く バス停 人

버스 정류장에 많은 사람들이 줄 서 있었다.

....

3 信号 ごと 引っ掛かる 信号機

빨간 신호마다 다 걸렸다.

....

4 連絡 ずっと 私達 とぎれる 前に

우리는 오래 전에 연락이 끊겼다.

....

5 関する だれにも パソコン 負ける なら こと 私 ない

나는 컴퓨터에 관한 한 누구에게도 뒤지지 않는다.

....

6 ドル お金 替える

돈을 미화로 환전했다.

....

Part ④ 다음 문장을 일본어로 작문하세요.

1 대개 7시쯤에 아침을 먹는다.

2 러시아워일 때 나는 지하철을 탄다.

3 표를 사기 위해 매표구 앞에서 줄을 섰다.

4 만원 버스 타는 것에 지쳤다.

5 시동이 걸리지 않았다.

6 교통 체증으로 꼼짝 못하게 되었다.

7 집에 오자마자 이메일을 확인했다.

8 전화가 통화 중이었다.

9 고아원 아이들의 공부를 도와주었다.

10 실수로 누군가의 발을 밟았다.

私の家族は外食するのが好きだ。今日も私の家族はとてもすてきなレストランでおいしい夕食を食べた。1 .... 。私はそのレストランの奥まった静かな雰囲気がとっても好きだ。値段もそんなに高くなくほどほどだ。私たちは、みんなステーキを注文して食べたが、本当においしかった。2 .... 。デザートに甘い果物とアイスクリームが出た。もっと食べたかったが太ってしまうと思って我慢した。そのレストランは3 .... 。外食する間、家族で多くの対話をすることができてよかった。食事を終えて、近くの公園で散歩をした。さわやかな風が吹いてきて、とてもよかった。週末ごとに外食するのが、私たちの楽しみとなっている。

1 그 식당은 스테이크로 유명한 식당이다.

2 우리 가족은 하나도 남기지 않고 그릇을 깨끗이 비웠다.

3 내가 가본 식당 중 최고였다.

6. 집안 행사

Part ① 다음 단어의 알맞은 읽기와 뜻을 쓰세요.

1 めちゃくちゃ (,   )

2 待ち遠しい (,   )

3 花束 (,   )

4 うそをつく (,   )

5 田舎臭い (,   )

6 退屈 (,   )

7 お年玉 (,   )

Part ② 알맞은 일본어를 쓰세요.

1 만우절

2 연하장

3 나이를 먹다

4 생일

5 음력

6 불꽃놀이

7 송년회

1 計画 いくつか 私 新しい 今年 立てる
   나는 올해 몇 가지 새로운 계획을 세웠다.

   ....

2 食べ物 チュソク 代表的 ソンピョン
   추석의 대표적인 음식은 송편이다.

   ....

3 誕生日 まま 気付く ない 過ぎる だれも しまう くれる
   아무도 모른 채 내 생일을 그냥 지나쳐 버렸다.

   ....

4 遠 今度 忘れる 誕生日 だろう ない
   이번 생일을 영원히 잊지 못할 것이다.

   ....

5 バレンタインデー 忘れる できる こと ない
   잊을 수 없는 밸런타인데이였다.

   ....

6 プレゼント 父母の日 ハンカチ する
   어버이날에 선물로 손수건을 드렸다.

   ....

Part ④ 다음 문장을 일본어로 작문하세요.

1 우리는 차례상을 차렸다.

2 그 돈은 내 마음대로 쓰고 싶었다.

3 꽃으로 내 마음을 전했다.

4 나는 파티 준비로 바빴다.

5 나는 그들이 파티에 와 주어서 감사했다.

6 그들은 나를 따뜻하게 반겨 주었다.

7 집에 갈 시간이었다.

8 파티에서 지치도록 놀았다.

9 크리스마스가 얼마 남지 않았다.

10 연말이 다가왔다.

気分があまり良くない。一日中吐いていた。どうもおばあちゃんの家でとてもたくさん食べすぎたようだ。他の人たちは一体どんな風に新年を迎えて過しているのだろうか。本当に私は道路の上の自動車という自動車を全部吹き飛ばしてしまいたいくらいだった。テグからソウルまで行くのに10時間もかかるなんて。地獄にいるみたいだった。1 ....。ラジオでは故郷から帰ってくる人々の車で2 ....。車の中でトイレに行きたくなったがトイレを見つけることができなかった。高速道路のドライブインに着くまで我慢するしかなかった。私は本当に政府がこんなことに対する対策を講じるべきだと思う。3 ....。彼らは道路の周辺にトイレをもっと作るべきだ。そしたら、車のドアを開けたままで用をたす人々はいなくなるはずだ。来年お婆ちゃんの家に行くときはもっと楽に行けたらいいと思う。

1 교통 체증으로 꼼짝 할 수 없었다.

　　　　...

2 거의 모든 도로가 꽉 막혀 있다고 했다.

　　　　...

3 우리가 낸 세금으로 무엇을 하고 있는 것인가?

　　　　...

7. 식생활

Part ① 다음 단어의 알맞은 읽기와 뜻을 쓰세요.

1 大食い   (,   )

2 手頃だ   (,   )

3 偏る   (,   )

4 生臭   (,   )

5 腕前   (,   )

6 飽きる   (,   )

7 お得意様   (,   )

Part ② 알맞은 일본어를 쓰세요.

1 짜다

2 식욕 부진

3 시금치

4 초밥

5 외식

6 군침

7 배가 고프다

8 음식 배달

Part ❸ 주어진 단어들로 문장을 만드세요.

1 そのまま 並べる 良く テーブル もの 私 食べる
   나는 상에 차려진 대로 잘 먹는다.

   ....

2 お客様 突然 出前 来る 家 お願いする たら 私達
   갑자기 집에 손님이 오면 우리는 음식을 배달시킨다.

   ....

3 嫌いだ 食べ物 私 脂っこい
   나는 기름진 음식을 싫어한다.

   ....

4 口に合う 食べ物 私 その
   그 음식은 내 입맛에 맞는다.

   ....

5 食べ過ぎる なければならない できるだけ ようだ
   가능한 한 과식하지 말아야 한다.

   ....

6 たくさん 料理 入る 砂糖 その いる
   그 음식에는 설탕이 많이 들어갔다.

   ....

1 난 뭐든지 잘 먹는다.

2 나는 요리를 못한다.

3 오늘은 내가 저녁을 준비할 차례다.

4 나는 정성 들여 음식을 만들었다.

5 오늘은 점심을 건너뛰었다.

6 나는 몹시 배가 고팠다.

7 맛이 좋았다.

8 자리가 이미 다 예약되어 있었다.

9 음식을 좀 남겼다.

10 나는 배달시켜 먹는 것을 좋아한다.

Part ⑤   다음 빈칸의 내용에 알맞는 문장을 작문하세요.

今日は両親が外出をしたので弟と私だけが二人で夕食をとることになった。夕食を食べながら弟がごはんを食べる姿を見て少し腹が立った。

1 .... 。弟は食卓で音を立てて食べるのが習慣になっているようだった。私はその音を聞くに耐えられなかった。それで弟に食卓のマナーについて話をしてあげた。「2 .... 。何よりも食べ物を食べたり飲み物を飲んだりするとき、音を立てるべきではない。また韓国では食事中にげっぷをしたり鼻をかんだりするのがとても無礼にあたると考えるためすべきではない。」と話してあげた。私は弟にこれからは何かを食べるときはエチケットを守るようお願いした。3 .... 。

1 내 동생은 식탁에서 음식을 돼지처럼 쩝쩝 소리를 내며 먹었다.

....

2 식탁에서 명심해야 할 것이 몇 가지가 있다.

....

3 동생은 나쁜 습관을 바꾸어 보겠다고 말했다.

....

8. 의생활

Part 1 다음 단어의 알맞은 읽기와 뜻을 쓰세요.

1 偽物　　　　　（　　　　　　　，　　　　　　　）

2 袖　　　　　　（　　　　　　　，　　　　　　　）

3 繕う　　　　　（　　　　　　　，　　　　　　　）

4 正装　　　　　（　　　　　　　，　　　　　　　）

5 革　　　　　　（　　　　　　　，　　　　　　　）

6 着替える　　　（　　　　　　　，　　　　　　　）

Part 2 알맞은 일본어를 쓰세요.

1 멋쟁이

2 어울리다

3 장갑

4 양말

5 재봉

6 반바지

Part ❸ 주어진 단어들로 문장을 만드세요.

1 最先端 好きだ 私 服 流行
   나는 최신 유행의 옷을 좋아한다.

   ....

2 ズボン ぶかぶか はく よく
   자주 헐렁한 바지를 입는다.

   ....

3 かわいい 服 見える と 着る その
   그 옷을 입으면 예뻐 보인다.

   ....

4 穴 ズボン 小さい 開く
   바지에 조그맣게 구멍이 났다.

   ....

5 袖 お願いする 出す 彼 ほしい
   그에게 소매를 늘여 달라고 부탁했다.

   ....

1 나는 옷을 매일 바꿔 입는다.

2 나는 옷에 관한 감각이 있는 것 같다.

3 나는 내가 어떻게 보이는지에 대해 개의치 않는다.

4 그 옷은 나에게 어울리지 않았다.

5 그 옷은 촌스러워 보였다.

6 그녀는 세련되게 옷을 입는다.

7 나는 여러 모양의 귀걸이를 가지고 있다.

8 그 패션은 매우 멋졌다.

9 그것은 내게 좀 작았다.

10 코트에 단추를 달았다.

このごろ私の体つきが心配だ。私は最近太ってきているように感じる。
1 ....。太るのは簡単だがやせるのはとても難しい。今日はすべてのものを焼き尽くすかのように暑かったが、太ってみえると思ってそでなしの服とか短いズボンをはくことができなかった。
2 ....。ときどきおへそが見えるＴシャツとかかっこいいミニスカートも着てみたい。しかしそんな服はたいてい私にはきつくて着ることができない。そんなわけで3 ....。私はダイエットをすることを決心した。インスタント食品やファーストフードは絶対食べないようにしようと思う。運動をすることがやせるのにとてもいい方法だと思う。明日から毎朝ジョギングをするつもりだし、夜にはやせるために腹筋運動をするつもりだ。

1 나는 뚱뚱하다는 이야기를 들으면 스트레스를 받는다.

....

2 나는 항상 예쁘고 귀여운 옷을 입고 싶어한다.

....

3 백화점에서 옷을 살 때 짜증이 난다.

....

9. 외모

Part ① 다음 단어의 알맞은 읽기와 뜻을 쓰세요.

1 地味　　　　　(　　　　　　　,　　　　　)

2 八重歯　　　　(　　　　　　　,　　　　　)

3 鼻毛　　　　　(　　　　　　　,　　　　　)

4 腹筋　　　　　(　　　　　　　,　　　　　)

5 痩せる　　　　(　　　　　　　,　　　　　)

6 化粧　　　　　(　　　　　　　,　　　　　)

7 ひげを剃る　　(　　　　　　　,　　　　　)

Part ② 알맞은 일본어를 쓰세요.

1 가발

2 향수

3 입술

4 매력적

5 보조개

6 갈색

7 가늘다

주어진 단어들로 문장을 만드세요.

1　重要　外見　ない

　　겉모습은 중요하지 않다.

　　...

2　顔　思う　魅力的　私　と

　　내 얼굴이 매력적이라고 생각한다.

　　...

3　低い　鼻　私

　　나는 코가 매우 납작하다.

　　...

4　親知らず　くる　生える

　　사랑니가 났다.

　　...

5　天然パーマ　髪　私　ない

　　내 머리는 곱슬머리가 아니다.

　　...

6　香水　今日　つける

　　오늘은 향수를 뿌렸다.

　　...

1 나는 엄마를 닮았다.

2 그는 잘생겼다.

3 성형 수술을 받고 싶다.

4 나는 쌍꺼풀이 있다.

5 이가 고르게 났다.

6 나는 키가 평균을 넘는다.

7 머리 스타일을 바꾸고 싶었다.

8 머리를 갈색으로 염색했다.

9 외모에 민감한 사람들이 많다.

10 다이어트를 하기로 결심했다.

家で偶然鏡を見たら1 .... 。どうも美容院に行かなければならないときが来たようだ。もう少し髪を伸ばしたかったが、きれいにセットするのが難しくてちょっと整えるぐらいに切った方がいいと思った。体育服のままの姿でスリッパを履いて私がよく行く美容院に行った。

2 .... 。私は他人が私の頭を触ると眠くなる。それで髪を切っている間居眠りをしてしまったみたいだ。だれかが私の肩をトントンと叩くのを感じて眠りから覚め鏡を見た。そんな…顔が前よりもっと大きく見えるヘアスタイルになっていて、本当に気に入らなかった。泣きたかった。すでにどうすることもできないことではあるが私が不満を言うと、美容師はこのヘアスタイルが私にとてもよく似合っていて粋に見えるといった。こんな言葉は美容師がよく使う手段だということを私もよく知っている。

3 .... 。

1 머리가 덥수룩하고 지저분하게 보였다.

....

2 미용사에게 너무 짧게 자르지 말고 조금만 다듬어 달라고 부탁했다.

....

3 다음부터는 미용실에서 절대 조나 봐라 하고 생각했다.

....

10. 성격

Part ① 다음 단어의 알맞은 읽기와 뜻을 쓰세요.

1 頑固　　　　　　　　(　　　　　　,　　　　　　)

2 優柔不断　　　　　　(　　　　　　,　　　　　　)

3 癖　　　　　　　　　(　　　　　　,　　　　　　)

4 憎む　　　　　　　　(　　　　　　,　　　　　　)

5 心苦しい　　　　　　(　　　　　　,　　　　　　)

6 恥ずかしがり屋　　　(　　　　　　,　　　　　　)

Part ② 알맞은 일본어를 쓰세요.

1 사교적

2 구두쇠

3 편견

4 책임감

5 숫기가 없는 사람

6 건방지다

Part ③ 주어진 단어들로 문장을 만드세요.

1 関心 なる 私 たい いつも 集める 人

나는 언제나 관심 받는 사람이 되고 싶다.

....

2 ハンディキャップ 私 克服 ある べき

나는 극복해야 할 핸디캡이 있다.

....

3 しっかり 彼 前準備 人

그는 준비성이 좋은 사람이다.

....

4 たくさん 難しい 彼 要求 する

그는 까다로운 요구를 많이 한다.

....

5 偶像視する 彼 いる 彼女

그는 그녀를 우상시하고 있다.

....

1 사람은 누구나 장점과 단점을 가지고 있다.

2 나는 완벽주의자이다.

3 나는 사람들과 잘 어울린다.

4 그는 배려심이 있다.

5 그는 항상 솔선해서 일을 처리한다.

6 그는 어리지만 분별력이 있다.

7 그는 다른 사람에게 모범이 되는 사람이다.

8 그는 남을 배려할 줄 모른다.

9 그는 성미가 급하다.

10 그는 융통성이 없다.

Part ⑤ 다음 빈칸의 내용에 알맞는 문장을 작문하세요.

何日か前、1 .... 。その答えの中のひとつが「かわいいものが好きな子」だった。今日再びそのメッセージを見ながら私の好きなものについて考えてみた。私は好きなものがたくさんあるがその中で家族と友達が一番好きだ。私のめんどうをいつもよく見てくれて、理解してくれるので、彼らがとても好きだ。時々葛藤することも私が彼らを怒らせることもあるが、2 .... 。他に私が好きなものは子犬と猫、人形、子供などのような可愛らしいものたちだ。そんな種類の可愛らしいものを見ると、私は声を出しながら近寄っていく。また私は寝ることと食べることが好きだ。私は食べ物の好き嫌いがなく脂っこいもの、塩辛いもの、辛いもの、甘いもの、それから酸っぱいもの、全部好きだ。そんなにおいしいわけではないが、3 .... 。

1 휴대전화로 친구들에게 나를 어떻게 생각하느냐고 묻는 문자를 보냈다.

....

2 그들은 항상 내 모든 일을 도와주고 잘 이끌어 준다.

....

3 학교 식당에서 점심을 먹을 때조차도 항상 행복하다.

....

Part ① 다음 단어의 알맞은 읽기와 뜻을 쓰세요.

1 驚く   (,   )

2 無駄だ   (,   )

3 悪口   (,   )

4 図々しい   (,   )

5 口車   (,   )

6 慰める   (,   )

7 虹   (,   )

Part ② 알맞은 일본어를 쓰세요.

1 불평불만

2 아첨

3 어른스러워지다

4 예의범절

5 함부로

6 귀를 기울이다

7 분위기

Part ❸ 주어진 단어들로 문장을 만드세요.

1 挨拶 目上 たら 当然 会う べき 人
   웃어른을 만나면 당연히 인사해야 한다.

   ....

2 必ず 私 約束 守る
   나는 약속을 꼭 지킨다.

   ....

3 親切 彼 誰 でも
   그는 누구에게나 친절하다.

   ....

4 どもる 私 しまう 当惑する と
   나는 당황하면 말을 더듬는다.

   ....

5 まるで 知る 彼 ように すべて 話す こと いる か
   그는 마치 모든 것을 다 아는 듯 말을 한다.

   ....

6 助言 放棄する 受ける な 絶対 と
   절대 포기하지 말라는 조언을 들었다.

   ....

1 사람은 많이 배울수록 더 겸손해져야 한다.

2 그가 나에게 시비를 걸었다.

3 그가 한 말이 나에게 상처를 주었다.

4 어찌할 바를 몰라 할 말을 잃었다.

5 그가 한 거짓말이 들통 났다.

6 다시는 그러지 않겠다고 약속했다.

7 친구에게 몇 마디 충고를 해 주었다.

8 그는 내게 용기를 내라고 격려해 주었다.

9 모든 일이 잘 될 것이다.

10 당신을 위해 기도하겠습니다.

私は学校で先生と面談をした。友達とささいな争いがあったためだ。誤解で起こった問題だが、私が彼の外見について話したことが発端だった。私は本来そんなことを言うつもりはなかった。1 ....。私は彼と親しいし、彼は私の昔からの友達だった。2 ....。彼は友達がお願いするといつも快く聞いてくれる。それに行いもとても正しい友達だ。そんなわけで、クラスの友達はみんな彼のことが好きだ。私は彼のように人気があったらいいなあと羨ましく思ったりするくらいだ。どうやってこの問題を解決するべきかについて、先生に相談してみた。先生は私がしたことについて、彼に謝罪すべきだと助言してくださった。私はそんなことを言ったことに対して、本当に悪かったと謝罪した。3 ....。二度と私たちの友情が壊れないことを本当に願っている。

1 나는 절대 그의 감정을 상하게 할 생각이 아니었다.

....

2 그는 정말 좋은 친구라고 생각한다.

....

3 우리는 다시 좋은 친구가 되리라 생각한다.

....

12. 건강

Part ① 다음 단어의 알맞은 읽기와 뜻을 쓰세요.

1 火傷　　　　　（　　　　　　，　　　　　　）

2 軟膏　　　　　（　　　　　　，　　　　　　）

3 まぶしい　　　（　　　　　　，　　　　　　）

4 小児科　　　　（　　　　　　，　　　　　　）

5 包帯　　　　　（　　　　　　，　　　　　　）

6 錠剤　　　　　（　　　　　　，　　　　　　）

7 副作用　　　　（　　　　　　，　　　　　　）

Part ② 알맞은 일본어를 쓰세요.

1 꾀병

2 편두통

3 식중독

4 가시가 박히다

5 충치

6 일회용

7 문병

Part ❸ 주어진 단어들로 문장을 만드세요.

1 見た目 弱い 私 体 より

나는 보기보다 몸이 약하다.

....

2 息 たばこ せい できる する 煙 こと ない

담배 연기 때문에 숨을 쉴 수가 없었다.

....

3 ちょっと 食事 する よく たら なる

식사를 하고 나니 좀 나아졌다.

....

5 傷 痛み 刺す 感じる ようだ

상처에 찌르는 듯한 통증이 느껴졌다.

....

5 つまずく 石 転ぶ

돌에 걸려 넘어졌다.

....

6 処方せん 薬 できる こと なし 買う ない

처방전 없이 약을 살 수 없었다.

....

1 건강보다 더 소중한 것은 없다.

2 스트레스는 조금씩 건강을 나쁘게 만든다.

3 아침 식사를 거르는 것은 건강에 해롭다.

4 휴식은 건강에 도움이 된다.

5 나는 감기에 잘 걸린다.

6 통증을 참을 수가 없었다.

7 나는 소화를 잘 시키지 못한다.

8 축구를 하다가 다리를 다쳤다.

9 시력이 떨어지고 있다.

10 나는 2주 동안 병원에 입원해 있었다.

Part ⑤ 다음 빈칸의 내용에 알맞는 문장을 작문하세요.

1 ....。風邪のウイルスは、インターネットで連載され
ている漫画のひとつのキャラクターだ。彼は、人の形をしているが、目、
鼻、口はなく、「風邪」と書いてあって、体全体が青い色だ。その漫画でウイ
ルスは毎年冬になるたびに主人公を訪ねてくる。不幸にも私が試験勉強をし
なければならない時期に、この風邪のウイルスが帰ってきたわけだ。昨日父
に電話をしたら、「このごろ、ちゃんと試験勉強しているか。2 ....
..............。」と言われた。試験の前に風邪をひくことはめったにないが、
今学期は風邪をひいてしまった。今は息をするのも大変だ。3 ....
..............。試験を台無しにしてしまうような気がする。あーそんな！お願
いだから、早く出ていってくれたらと思う。

1 오랫동안 자취를 감췄던 감기군이 돌아왔다.

2 감기에 걸리지 않도록 조심해라.

3 하루 종일 콧물이 흐르고 두통도 심했다.

55

13. 학교 생활

Part 1 다음 단어의 알맞은 읽기와 뜻을 쓰세요.

1 不得意   (,   )

2 ずば抜ける   (,   )

3 怠る   (,   )

4 小言   (,   )

5 一夜漬け   (,   )

6 浪人   (,   )

7 聞き取り   (,   )

Part 2 알맞은 일본어를 쓰세요.

1 유치원

2 틀에 박히다

3 늦잠

4 부럽다

5 여름 방학

6 학점

7 철야

Part ③ 주어진 단어들로 문장을 만드세요.

1 降ろす 学校 くれる 前 父
아빠가 학교 앞에 내려 주신다.

....

2 返事 変わり 友達 する
친구 대신 대답을 했다.

....

3 重要性 問題 私 強調する その
나는 그 문제의 중요성을 강조했다.

....

4 説明 よく 先生 理解する
선생님의 설명을 잘 이해했다.

....

5 ストレス ために たくさん 試験 受ける
시험 때문에 스트레스를 많이 받았다.

....

6 どうやって 何 たら 分かる 勉強 いい ない する
무슨 공부를 어떻게 해야 할지 모르겠다.

....

Part 4 다음 문장을 일본어로 작문하세요.

1 우리 학교는 8시에 시작된다.

2 학교를 조퇴했다.

3 그 수업을 따라갈 수가 없었다.

4 그는 다른 학생들보다 뛰어난 것 같다.

5 자신감 있게 내 의견을 발표했다.

6 수업 시간에 졸았다.

7 나는 정말 영어를 유창하게 말하고 싶다.

8 이번에는 성적이 많이 올랐다.

9 나는 불문학 학사 학위를 땄다.

10 그 강의는 정말 재미없었다.

今日は、4月1日、エイプリルフールだ。今年は、とても疲れてしまうほど先生方にいたずらをたくさんした。今日、私たちは、数学のテストを受けることになっていたが、テストを受けるのがいやで1........................。だが、数学の先生が絶対にテストを受けなければならないと直接上がってこられたので、先生をだます作戦は失敗してしまった。その次、世界史の時間に私たちは、2時ちょうどに各自の携帯のアラームをセットして、隠しておいた。同時に鳴るのを期待していたが、誰かの携帯が先に鳴ってしまって、2........................。日本語の時間にどんないたずらをするか相談したが、結局、私を含む8名の生徒が他の教室に入り込んだ。先生が「教室を移動した生徒達は、前に出なさい。」と大声で叫んだ。3........................。仕方がなかった。ともあれ、本当におもしろい一日だった。

1 다른 아이들과 교실을 바꾸었다.

....

2 기대했던 만큼은 효과를 거두지 못했다.

....

3 우리는 깜짝 놀라 우리 교실로 돌아오고 말았다.

....

14. 학교 행사

Part ① 다음 단어의 알맞은 읽기와 뜻을 쓰세요.

1 振り絞る　　　　（　　　　　　　，　　　　　　　）

2 手伝う　　　　　（　　　　　　　，　　　　　　　）

3 薦める　　　　　（　　　　　　　，　　　　　　　）

4 お土産話　　　　（　　　　　　　，　　　　　　　）

5 辛うじて　　　　（　　　　　　　，　　　　　　　）

Part ② 알맞은 일본어를 쓰세요.

1 영어 회화

2 야영

3 소풍

4 추억

5 보물찾기

Part ③ 주어진 단어들로 문장을 만드세요.

1 　胸　どきどき　とても
　가슴이 매우 벅차 올랐다.

....

2 　サークル　行事　各　いろいろな　準備する
　각 동아리들이 다양한 행사를 준비했다.

....

3 　一生懸命　音楽　踊る　合わせる　私
　나는 음악에 맞춰 열심히 춤을 추었다.

....

4 　思い出　忘れる　だろう　こと　できる　なる　ない
　잊지 못할 추억거리가 될 것이다.

....

5 　教科書　先生　くれる　新しい　配る
　선생님께서 새 교과서를 나누어 주셨다.

....

6 　興味深い　キャンプ　私　ある　とても　意味
　내게는 너무 흥미롭고 유익한 캠프였다.

....

1   올해 나는 중학교에 입학한다.

2   팽팽한 경기가 많았다.

3   우리 팀을 열심히 응원했다.

4   우리 반이 모든 경기를 이겼다.

5   학교 축제를 즐겼다.

6   나는 어느 동아리에도 속해 있지 않다.

7   너무 흥분돼서 잠이 안 온다.

8   해변에서 캠핑을 했다.

9   보물찾기를 했다.

10 나는 비행기를 처음 탔다.

다음 빈칸의 내용에 알맞는 문장을 작문하세요.

私は今日入学を目の前に控えている大学生達のオリエンテーションに参加した。始めて会う人たちなのでとてもぎこちなかった。参加者は14のグループに分けられて、1 ....。私達はキャンピング場に行くため、バスに身をゆだねた。私はデジタルオーディオプレーヤーに聞き入っている一人の学生の横に座ることになった。私はこのよそよそしい雰囲気を変えたくて、彼女と目を合わせてみようと努力した。しかし、彼女はずっと窓の外を見つめたままで、何の効果もなかった。到着地に到着するまで3時間という長い時間が過ぎていったが、その間中、彼女にひとことも話しかけることができなかった。到着して、2 ....。夜は本当にすてきなパーティーが始まった。3 .... が、それは何と言っても私達の若さのゆえではないかと思った。私達と一緒に来た先輩、先生達とゲームをした。お互いに親しくなった友達と徹夜で話もした。

1 나는 S그룹에 배정되었다.

....

2 시간이 흐르면서 친구들을 사귀게 되었다.

....

3 우리는 흥겨운 분위기에 금세 도취되었다.

....

15. 친구

Part 1 다음 단어의 알맞은 읽기와 뜻을 쓰세요.

1 口喧嘩   (,   )

2 勘違い   (,   )

3 間柄   (,   )

4 片思い   (,   )

5 愚か   (,   )

Part 2 알맞은 일본어를 쓰세요.

1 사귀다

2 고자질

3 그립다

4 동창회

5 장난

Part ❸ 주어진 단어들로 문장을 만드세요.

1 悩み 友達 できる 必要だ 打ち明ける 私 こと
내 고민을 털어놓을 수 있는 친구가 필요하다.

....

2 話 楽しい 彼 いつも くれる 私 する
그의 이야기는 언제나 날 즐겁게 한다.

....

3 会う ために 友情 私達 強くする 絆 よく
우정을 돈독히 하기 위해 우리는 자주 만난다.

....

4 行動 行きすぎる 彼 とても いる
그의 행동이 너무 지나쳤다.

....

5 便り できる 彼 長い 聞く ない 間 こと
오랫동안 그의 소식을 듣지 못했다.

....

6 本当 手伝う 友達 大変 こそ くれる とき
어려울 때 도와주는 친구야말로 진정한 친구이다.

....

65

1 나는 그와 친구가 되고 싶다.

2 외국에서 온 친구가 있다는 것은 매우 흥미로운 일이다.

3 나는 특별한 이유 없이 그가 싫다.

4 우리는 같이 자랐고, 같은 학교를 함께 다녔다.

5 우리는 5년 동안 친구로 지내왔다.

6 우리의 우정이 영원히 지속되길 바란다.

7 나는 그와 사이좋게 잘 지낸다.

8 그는 참 재미있는 친구이다.

9 그는 나에게 잘해 준다.

10 그는 진정한 친구가 아니다.

Part ⑤ 다음 빈칸의 내용에 알맞는 문장을 작문하세요.

今日はメル友である洋子とチャットをした。私達二人はお互い遠く離れたところにいるが、こんな風にチャットをすることができるということは、本当にうれしいことだ。1 ....。ある時、洋子が私にMSNのIDを持っているか聞いてきた。私は当然持っていた。それで、インターネットでチャットをすることができるようになった。夜1時まで眠らずにいたら、洋子が私にメッセージを送ってきた。わあ〜。2 ....。私達は約1時間くらい洋子が一番好きな俳優であるジョニー・デップのことについてしゃべった。ジョニー・デップはキャラビアンの海賊に出演した俳優だ。洋子はそのジョニー・デップに完全にはまっていた。洋子は私に映画「プロムヘル」を見たらと勧めてくれた。ジョニー・デップがその映画で本当に幻想的だったと言っていた。それから、私達の未来について、つまり、これから何をするかというようなことを話した。

1 나는 한 5년 전쯤 요코와 우연히 알게 되어, 이메일 친구가 되었다.

....

2 통신 기술의 놀라운 발달을 실감할 수 있었다.

....

16. 사랑

Part ① 다음 단어의 알맞은 읽기와 뜻을 쓰세요.

1 初恋   (,   )

2 待ち惚れ   (,   )

3 実る   (,   )

4 裏切る   (,   )

5 申し込む   (,   )

Part ② 알맞은 일본어를 쓰세요.

1 미팅

2 중매하다

3 헤어지다

4 우울

5 중매결혼

Part ❸ 주어진 단어들로 문장을 만드세요.

1 デート する 彼 楽しい と
그와 즐거운 데이트를 했다.

....

2 言葉 もっと 愛 ロマンチック ない より という
사랑이란 말보다 더 로맨틱한 말은 없다.

....

3 些細な よく 私 口喧嘩 こと 彼 する と
나는 사소한 일로 그와 자주 말다툼을 한다.

....

4 愛 冷める 私 始める
내 사랑이 식기 시작했다.

....

5 ホラ吹き屋 彼 別名
일명 그는 허풍쟁이였다.

....

6 私 待たせる 2時間 彼
그는 나를 두 시간 동안 기다리게 했다.

....

Part 4 다음 문장을 일본어로 작문하세요.

1 친구가 그를 내게 소개시켜 주었다.

2 나는 그를 카페에서 처음 만났다.

3 가슴이 몹시 설레었다.

4 그는 어디서 많이 본 사람 같았다.

5 그녀는 내 이상형이었다.

6 우리는 첫눈에 사랑에 빠졌다.

7 나는 그에게 데이트 신청을 했다.

8 나는 변함없는 사랑을 원한다.

9 나는 그에게 푹 빠져 있다.

10 그와 함께 있으면 즐겁다.

Part ⑤ 다음 빈칸의 내용에 알맞는 문장을 작문하세요.

1 ....。昨日は彼に手紙を書く決心をして、今日準備ま
でしたのに、チヨンに会って相談した結果、彼に手紙を渡すことをあきらめ
た。私が書いた手紙の内容を読みながら、だれかがもしそれを読んだとした
ら、私が恋愛小説とかマンガの読みすぎだと思われると思った。結局、とて
も幼稚だと思って手紙を破ってしまった。夕方になると、私がだれを好きな
のかもわからなくなって、頭が混乱した。チヨンはまずメッセンジャーを通
して告白してみたらと言うが、そうする勇気が出ない。

2 ....が、インターネットのメッセンジャーで対話する
というのは、彼の反応まで即座にわかる、直接的な意思疎通だ。明日、告白
してみようか。本当に緊張する。3 ....。本当に混乱状
態だ。いい解決策があったらいいな。

1 도대체 좋아한다는 감정은 어떤 걸까?

....

2 그에게 편지 보내는 것은 내 일방적인 행동이다.

....

3 난 왜 그 친구를 좋아하게 된 것일까?

....

17. 취미 활동

Part 1 다음 단어의 알맞은 읽기와 뜻을 쓰세요.

1 刺繍　　　　　　(　　　　　　　　,　　　　　　)

2 畑違い　　　　　(　　　　　　　　,　　　　　　)

3 図案　　　　　　(　　　　　　　　,　　　　　　)

4 手先　　　　　　(　　　　　　　　,　　　　　　)

5 焼き付け　　　　(　　　　　　　　,　　　　　　)

6 夢中だ　　　　　(　　　　　　　　,　　　　　　)

7 山登り　　　　　(　　　　　　　　,　　　　　　)

Part 2 알맞은 일본어를 쓰세요.

1 꽃꽂이

2 음치

3 액자

4 사진을 찍다

5 수집

6 발을 빼다

7 번역

Part ❸ 주어진 단어들로 문장을 만드세요.

1 夕方 いい 秋 読書する 季節 とても のに
가을은 저녁에 독서하기에 가장 좋은 계절이다.

....

2 小説 1ヶ月 私 少なくとも 読む 1冊
나는 한 달에 적어도 소설 한 권은 읽는다.

....

3 作曲家 ベートーベン 好きだ 私 一番
베토벤은 내가 제일 좋아하는 작곡가이다.

....

4 我慢 ひとつ 多く 必要 作品 のに 終わらせる
한 작품을 끝내는 데 많은 인내심이 필요했다.

....

5 収集する 色々な 私 記念品 ところ 訪問する
나는 내가 방문하는 여러 곳에서 기념품을 수집한다.

....

1 말로 표현이 안 될 정도였다.

2 그 책에 푹 빠졌다.

3 나는 역사 이야기에 관심이 많다.

4 책을 빌리기 위해 도서관에 갔다.

5 그 음악은 정말 감동적이다.

6 나는 어떤 악기도 연주할 줄 모른다.

7 나는 사진을 부탁해서 찍었다.

8 사진이 실물보다 못 나왔다.

9 나는 개를 데리고 산책을 나갔다.

10 그는 노래뿐 아니라 기타도 친다.

わーい。今日は本当に楽しかった。3年生を除くすべての学生達が、学校の音楽会に行った。私は音楽を聴くのが好きなので、音楽会に行くのがとても楽しかった。2年生がドラマの主題歌を歌ったのだが、あんなに小さい体から、1 ＿＿＿＿＿＿＿＿＿＿＿。その声はとても魅力的だった。何曲か歌が終わって、何人かの男子生徒が踊った韓国の伝統の踊りも見た。私は前にテレビでそんな種類の踊りを見たことがあったが、2 ＿＿＿＿＿＿＿＿＿＿＿。とても印象的だった。3 ＿＿＿＿＿＿＿＿＿＿＿。時間の余裕がなくて、3年間、音楽会に行ったことがなかった。大半の時間を家とか学校で勉強しながら費やした。私たちの学校が学生達に多様な文化を経験できる機会をもっと与えてくれたらなあと思う。

1 어떻게 그렇게 큰 목소리가 나올 수 있는지 매우 놀라웠다.

＿＿＿＿＿＿＿＿＿＿＿＿＿＿＿＿＿＿＿＿＿＿＿＿＿＿＿＿＿＿＿

2 그렇게 신날 줄은 몰랐다.

＿＿＿＿＿＿＿＿＿＿＿＿＿＿＿＿＿＿＿＿＿＿＿＿＿＿＿＿＿＿＿

3 박수를 너무 많이 쳐서 손바닥에 불이 나는 줄 알았다.

＿＿＿＿＿＿＿＿＿＿＿＿＿＿＿＿＿＿＿＿＿＿＿＿＿＿＿＿＿＿＿

18. 운동

Part ① 다음 단어의 알맞은 읽기와 뜻을 쓰세요.

1 鋭い　　　　　（　　　　　，　　　　　）

2 正々堂々　　　（　　　　　，　　　　　）

3 敗北　　　　　（　　　　　，　　　　　）

4 役立つ　　　　（　　　　　，　　　　　）

5 心を奪われる　（　　　　　，　　　　　）

6 生中継　　　　（　　　　　，　　　　　）

Part ② 알맞은 일본어를 쓰세요.

1 공을 차다

2 야구

3 연장전

4 수영

5 경기

6 평영

Part ❸   주어진 단어들로 문장을 만드세요.

1 | たやすい | 傾向 | する | 運動 | ある | 人達 | 怪我する | ない |
   운동을 하지 않는 사람들이 더 쉽게 다치는 경향이 있다.

   ....

2 | 健康 | 適度 | 増進する | 運動 |
   적절한 운동은 건강을 증진시킨다.

   ....

3 | 柔軟性 | くれる | ストレッチング | 向上する |
   스트레칭은 유연성을 향상시켜 준다.

   ....

4 | 運動 | 気分転換 | する | ために |
   기분 전환을 위해 운동을 한다.

   ....

5 | 泳ぎ | 今年 | つもりだ | 海 | 夏 | 行く |
   올여름에는 바다로 수영하러 갈 것이다.

   ....

1 운동은 적당히 해야 한다.

2 과도한 운동은 해가 될 수도 있다.

3 나는 어떤 운동이든 다 좋아한다.

4 나는 축구에 빠져 있다.

5 경기 규칙에 대해 자세히 배웠다.

6 나는 흥분을 하지 않을 수 없었다.

7 그 경기는 연장전까지 갔다.

8 탁구를 치러 체육관에 갔다.

9 상대팀이 우리를 이겼다.

10 3대 2의 점수로 이겼다.

다음 빈칸의 내용에 알맞는 문장을 작문하세요.

とっても緊張する。やっと私のテコンドーの実力を試すことのできる機会が やってきた。私はほかのアマチュアの大学生達と競うために中央体育館に行 くことになった。私は今まで一生懸命練習をしてきた。1......................。 あざができたところをみた何人かの友達は、なぜテコンドーを習うのか聞い たりもする。私はただ好きだからと答えた。最初は痩せようと思って、テコ ンドーを始めた。しかし、時がたつにつれて、テコンドーが肉体だけでなく 2........................。私をもっといい人間に鍛えてくれるような気が する。例えば、忍耐することも学んだし、私自身に対する自信もついた。武 術は男のためのものだと言わないでほしいと思う。それは年齢と性別に関係 なく、みんなのためのものだ。3 ....。そろそろ寝なけ ればならない。明日の朝、大会に遅れないように早く起きようと思う。

1 다리에만 7군데나 넘게 멍이 들었을 정도니까.

2 정신적으로도 내게 도움이 된다는 것을 알게 되었다.

3 어쨌든 나에게 행운이 있기를 바란다.

19. 쇼핑

Part ① 다음 단어의 알맞은 읽기와 뜻을 쓰세요.

1 衝動買い   (,   )

2 売り切れ   (,   )

3 前払い   (,   )

4 払い戻し   (,   )

5 更衣室   (,   )

6 派手   (,   )

Part ② 알맞은 일본어를 쓰세요.

1 유통 기한

2 공짜

3 손에 넣다

4 재고

5 영수증

6 흠, 상처

Part ❸ 주어진 단어들로 문장을 만드세요.

1 ショッピング では 私 ない 中毒者
나는 쇼핑 중독자는 아니다.

....

2 他 店員 ほしい 見せる もの と 言う
점원에게 다른 것을 보여 달라고 했다.

....

3 期待する ほど 私 よくない いる
내가 기대했던 것만큼 좋지 않았다.

....

4 新商品 最近 出る
최근에 나온 신상품이었다.

....

5 願う 手に入れる やっと 物 私 いる
드디에 내가 원하는 것을 손에 넣었다.

....

1 친구들에게 함께 쇼핑을 가자고 했다.

2 백화점은 매우 붐볐다.

3 사고 싶은 물건들이 많았다.

4 백화점이 세일 중이었다.

5 그 상품은 다 팔리고 없었다.

6 첫눈에 마음에 쏙 들었다.

7 내가 찾는 스타일은 없었다.

8 아무리 비싸도 그것을 사고 싶었다.

9 나는 주저없이 그것을 샀다.

10 품질 보증 기간은 1년이다.

1 ....。市内のすべてのデパートがバーゲンセールをして
いて、私は友達の誕生日のプレゼントを買おうと思っていた。友達の誕生
日は来週だ。友達はかわいい指輪をして、出かけるのがとても好きなので、
私は彼女にすてきな指輪をひとつ買ってあげようと決心した。私が入ったひ
とつめのお店で、本当にかわいい指輪を一つみつけた。しかし、とても高か
ったので、また他のものを探してみた。やっと彼女が本当に気に入りそうな
のを見つけた。幸いにも2 ....。友達に安値でその指輪
を買ってあげることができて、とてもうれしかった。私が買ってあげた指輪
を彼女が気に入ってくれたらいいなあと思う。来月には、お姉ちゃんの誕生
日だ。今から、お姉ちゃんにいいプレゼントを買ってあげれるようお金を貯
めなければならない。3 ....。

1 오늘은 친구와 백화점에 쇼핑하러 갔다.

....

2 그것은 세일 품목이었다.

....

3 내가 저축하는 것은 그저 선물들을 사기 위한 것만 같다.

....

20. 여가 활동

Part ❶ 다음 단어의 알맞은 읽기와 뜻을 쓰세요.

1 遮る   (,   )

2 時差ぼけ   (,   )

3 立派   (,   )

4 ぎこちない   (,   )

5 封切り   (,   )

6 芝生   (,   )

Part ❷ 알맞은 일본어를 쓰세요.

1 전시회

2 박수갈채

3 만지다

4 영화 감상

5 할인

6 미성년자

Part ③ 주어진 단어들로 문장을 만드세요.

1 持つ　ようだ　音楽的　彼　生まれる　才能
그는 음악적 재능을 타고난 것 같다.

....

2 雰囲気　その　気に入る　演劇
그 연극의 분위기가 마음에 들었다.

....

3 映画　涙　その　流す
그 영화는 눈물나게 하는 영화였다.

....

4 おかしい　見る　さる　まね　人　する　の
원숭이가 사람 흉내를 내는 것을 보니 우스웠다.

....

5 坂道　自転車　とても　登る　の　大変だ　で
자전거로 오르막길을 오르기가 매우 힘들었다.

....

Part 4 다음 문장을 일본어로 작문하세요.

1 나는 세계 여행을 통해 여러 문화를 경험하고 싶다.

2 그 미술관은 가 볼 만한 가치가 있는 곳이다.

3 매우 성공적인 전시회였다.

4 그 음악에 매우 감동받았다.

5 그 연극은 꾸며낸 이야기였다.

6 그 연극은 평판이 아주 좋았다.

7 보통 한 달에 한 번 영화를 보러 간다.

8 나는 영화에 별 관심이 없다.

9 나도 영화표를 사려고 줄을 섰다.

10 가족들과 공원으로 나들이를 갔다.

来週の月曜日にはヨーロッパに向けて出発だ。一ヶ月の間、この日を待ちに待っていた。もちろん、長くて険しい旅になることは承知の上だ。私は36日間、ヨーロッパ全域を旅行するつもりだ。1 ....。興奮すると同時に心配にもなる。道に迷ったらどうしよう、誰かが私の財布を盗んでしまったらどうしよう、万一、何か事件が起ったらどうしよう、なんていう思いが私を襲ったりする。しかし、私は自信満々だ。私は必ずやり遂げることができるだろう。私はインターネットを通して、情報を得ることができたし、飛行機のチケットやホテルも予約することができた。
2 ....。私はヨーロッパに旅立つ前にヨーロッパについて勉強した。3 ....。今すぐにでもはやく出発したい。本当にすばらしい夏休みになりそうだ。他の国の博物館、遺跡、そしてほんとうにすてきな景色を見れることを期待している。

1 나는 이렇게 오랫동안 집을 떠나 있어 본 적이 없다.

....

2 인터넷 서비스를 이용해서 많은 돈을 절약할 수 있다.

....

3 유럽은 활기로 가득 차 있는 것 같다.

....

21. 직장 생활

Part ① 다음 단어의 알맞은 읽기와 뜻을 쓰세요.

1 働く　　　　　（　　　　　　　，　　　　　　　）

2 売り上げ　　　（　　　　　　　，　　　　　　　）

3 福祉　　　　　（　　　　　　　，　　　　　　　）

4 引き継ぎ　　　（　　　　　　　，　　　　　　　）

5 取り扱う　　　（　　　　　　　，　　　　　　　）

6 景気不況　　　（　　　　　　　，　　　　　　　）

Part ② 알맞은 일본어를 쓰세요.

1 면접

2 야근

3 정리해고

4 자영업

5 흑자

6 가정주부

Part ❸ 주어진 단어들로 문장을 만드세요.

1 必要 会社 職業 ある その 程度 経験 する

그 회사는 어느 정도의 직업 경험을 필요로 했다.

....

2 熱意 私 失う 仕事

내 일에 열의가 없어졌다.

....

3 事業 私 卒業する 計画 ならでは 後 始める

졸업 후 나는 나만의 사업을 시작할 계획이다.

....

4 相続する 父 事業 くれる 私 だろう

아버지께서 내게 사업을 물려주실 것이다.

....

5 変える 機会 たら つもり すぐ ある 職場

기회가 되면 즉시 직업을 바꿀 것이다.

....

1 내가 그 일에 적임자라고 생각한다.

2 직업을 선택하는 것이 이렇게 어려운 줄 몰랐다.

3 많은 지원자들이 면접을 보러 왔다.

4 드디어 직장을 구했다.

5 나는 부장으로 승진했다.

6 할 일이 많아 꼼짝 못하고 있었다.

7 나는 항상 근면하게 일을 하려고 노력한다.

8 우리 회사는 근무 조건이 아주 좋다.

9 첫 거래는 성공적이었다.

10 사장에게 사직서를 냈다.

私達の国の人々は外国語の中でも、日本語は少し簡単に勉強できると思っている。その理由にはまず、英語と違って語順が同じで、漢字を通して、ある程度意味も見当がつくからではないかと思う。しかし、私はまず本格的に文法と会話の勉強をしてみて、「日本語もやはり外国語だな。」と感じた。
1 ....。最近は世界的にインターネットの技術がとても発達していて、日本のサイトに接続して情報を集めたり、インターネット通信などを利用する機会が本当に増えた。それから、2 ....。
しかし、そういういい機会に私の思ったとおりに日本語を流暢に使うことができないときは、挫折感も感じる。短期間で日本語をマスターすることのできる魔法みたいな方法はないだろうか。周りの人たちに聞いても、外国語というのは一瞬にして、上達するのではないと言う。
3 ....。

1 능통하게 구사하기 위해서는 많은 노력이 필요한 것 같다.

2 일본인과 직접 대화할 기회도 많다.

3 지금부터라도 조금씩 꾸준히 일본어 공부를 해야겠다.

정답

8 　今朝は霧がかかった。／
　　雨が降りそうだった。
10 木の葉が紅く色付いた。

1. 날씨 · 계절

Part ❶

1 　きまぐれ · 변덕스러움
2 　はるめく · 봄다워지다
3 　마음이 들뜬 모양
4 　끈적거리다
5 　되도록, 가능한 한
6 　추워서 손발이 곱다
7 　몹시 혼잡하다
8 　ひっぱる · 잡아 끌다.

Part ❷

1 　黄砂(こうさ)
2 　紫外線(しがいせん)
3 　梅雨(つゆ) · 梅雨(ばいう)
4 　雪(ゆき)だるま
5 　なんともいえない
6 　だらけ
7 　晴(は)れる

Part ❸

1 　秋になると、山が美しい色に染まる。
2 　黄砂で空がかすんで、霧がかかっているみたいだった。
3 　野外活動をするには夏が最適なので、私は夏が好きだ。
4 　雨が長い間降らなかったので、今年の夏は干ばつになった。
5 　日焼けをして、皮がむけた。
6 　大雪のために、世の中がごったがえしたとしても、
　　私は雪がたくさん降ってほしいと思う。

Part ❹

1 　すがすがしい天気だった。
2 　天気がよくなった。
3 　天気がだんだんよくなりつつあった。
4 　気まぐれな天気だった。
5 　天気予報によると、午後から天気が回復するそうだ。
6 　気温がマイナス10度まで落ちた。
7 　春になったので、暖かくなった。

Part ❺

1 　私は暑さに弱く、汗かきなので夏が好きじゃない。
2 　そのむし暑さは本当に私を苦しめた。
3 　今年の夏をどう過ごすか、また、心配になる。
4 　今年の夏は去年より暑くならなければいいなあと思う。

해석

나는 더위를 잘 타고 땀이 많기 때문에 여름을 좋아하지 않는다. 내가 가장 싫어하는 것은 여름밤의 모기들이다. 작년 여름에는 정말 견디기 힘든 더위였다. 그 푹푹 찌는 더위는 정말 나를 힘들게 했다. 그 더위를 쫓기 위해 여러 방법을 사용했던 것이 생각난다. 하루에도 몇 번씩 샤워를 했고, 얼음 주머니를 몸에 문지르기도 했었다. 이열치열이라고 뜨거운 삼계탕을 먹기도 했다. 올여름을 어떻게 지낼지 또 걱정이 된다. 무더위를 잘 이겨내는데 도움이 될 만한 뭔가가 필요할 것 같다. 올여름에는 가족들과 바닷가로 피서를 가고 싶다. 올여름에는 작년보다 덜 더웠으면 좋겠다. 아니면 아예 여름을 건너뛸 수 있다면 좋겠다.

2. 하루 일과

Part ❶

1 　상쾌하다
2 　とじまり · 문단속
3 　にがて · 잘하지 못함
4 　はやおきする · 일찍 일어나다
5 　드라이어나 빗으로 머리를 손질하다
6 　したぎ · 속옷
7 　もんげん · 통금 시간

Part ❷

1 　手(て)に入(い)れる
2 　途方(とほう)にもない/とてつもない
3 　腹(はら)が立(た)つ/頭(あたま)にくる/カッとなる/
　　怒(おこ)る
4 　恥(は)ずかしい
5 　目覚(めざ)まし時計(どけい)

6 焦(あせ)る

7 不眠症(ふみんしょう)

Part ❸

1 ドアの鍵がかかっていて、頭に来た。
　　　　かぎ　　　　　　　　　　あたま　き

2 気分がさっぱりもしたが、残念でもあった。
　　きぶん　　　　　　　　　　ざんねん

3 私はその知らせにとても驚いた。
　　わたし　　　し　　　　　　　　おどろ

4 どうしたらいいか分からずに飛び出した。
　　　　　　　　　　　　　　　　と　だ

5 悩みを忘れようと、早めに布団に入った。
　　なや　　わす　　　　　　はや　ふとん　はい

6 どんなことが起ころうと関心がない。
　　　　　　　　　お　　　　　かんしん

Part ❹

1 朝があけてきた。／空が明るくなってきた。
　　あさ　　　　　　　　　そら　あか

2 私はいつも遅く寝て、遅く起きる。
　　わたし　　　　おそ　ね　　おそ　お

3 私は眠たがりやだ。
　　　　ねむ

4 起きてすぐ、浴室に行った。
　　お　　　　　よくしつ　い

5 外出したくなかった。
　　がいしゅつ

6 私の家族は私をリモコンと呼ぶ。
　　　かぞく　わたし　　　　　　よ

7 早めに寝ようと思う。
　　はや　　ね　　　　おも

8 私は寝ながら夢をたくさん見る。
　　　　ね　　　　ゆめ　　　　　み

9 一晩中、布団の中で寝がえりばかりしていた。
　　ひとばんじゅう　ふとん　なか　ね

10 苦しみがあれば、楽しみもある。
　　くる　　　　　　　たの

Part ❺

1 毎日の生活にうんざりだ。

2 ときに夕方には宿題をしたり試験の準備をしたり
　　するときもあるが、毎日同じことだ。

3 これから、お金を十分に稼ぐようになったら、私は
　　世界一周をするつもりだ。

해석

그저 쉬고 싶었다. 매일의 일상이 지겹다. 매일 아침 똑같
은 시간에 일어나 아침 먹고 집을 나선다. 하루 종일 학교
에서 수업을 받고. 친구라도 몇 명 만나게 되면 간식과 음
료를 먹으면서 다이어트나 몇몇 인기 연예인들에 대한 소
문들과 같은 사소한 것들에 대해 잡담을 나눈다. 집에 돌
아와서는 저녁을 먹고 다른 가족들의 눈치를 보며 소파에
누워 텔레비전을 본다. 간혹 저녁에는 숙제를 하기도 하고
시험 준비 등을 할 때도 있지만, 매일 똑같은 일들이다. 마
치 내가 쳇바퀴 도는 다람쥐 같다는 생각이 든다. 뭔가 변
화가 필요하다. 뭔가 신나는 일이 있었으면 좋겠다. 나는
지금 당장 자유롭게 전국 일주를 하고 싶지만 그럴 수 없
다는 것을 알고 있다. 앞으로 돈을 충분히 벌게 되면 나는
세계 일주를 할 것이다. 다른 나라의 다양한 사람들을 만
나고 싶다. 그리고 다른 문화들도 경험하고 싶다.

3. 가족

Part ❶

1 すえっこ・막내

2 のめりこむ・빠져들다

3 ここちよい・기분이 좋다

4 심술꾸러기

5 사촌

6 りょうさいけんぼ・현모양처

Part ❷

1 小言(こごと)

2 痴呆症(ちほうしょう)

3 息子(むすこ)

4 一人(ひとり)っ子(こ)

5 思春期(ししゅんき)

6 復活祭(ふっかつさい)

Part ❸

1 私はソウルっ子だ。
　　　　　　　　こ

2 立派な息子になろうと努力している。
　　りっぱ　むすこ　　　　　どりょく

3 私は何か必要なものがあると母を探す。
　　　　なに　ひつよう　　　　　　　はは　さが

4 私達はみんな将来について希望を抱いている。
　　わたしたち　　　　しょうらい　　　きぼう　いだ

5 私は信仰が浅い。
　　　しんこう　あさ

6 私はお寺にお参りに行った。
　　　　てら　　まい　い

Part ❹

1 私の家族は大家族だ。
　　わたし　かぞく　だいかぞく

2 私の両親はときどき私の心を分かってくれない。
　　　りょうしん　　　　　　こころ

3 父と私は年齢差をあまり感じることができない。
　　ちち　わたし　ねんれいさ　　　　　かん

4 私は一人娘で兄弟がいない。
　　　ひとりむすめ　きょうだい

5 私は弟と会うとすぐけんかをする。
　　　おとうと　あ

6 私は弟と性格がとても違う。／
　　　　　　せいかく　　　　ちが
　　私と弟は性格が正反対だ。
　　　　　　　　　せいはんたい

7 私の姉はいつも笑っている顔をしている。
　　　あね　　　　わら　　　　かお

8 私は将来を期待される専門医になりたい。
　　　しょうらい　きたい　　　せんもんい

9 私は子供の頃キリスト教の信者になった。
　　　こども　ころ　　　　きょう　しんじゃ

10 私はいつも彼のためにお祈りをする。
　　　　　　かれ　　　　　　いの

Part 5

1 私はまだ母が一体どんな人なのか分からない。

2 私の母は絶対に、ただ勉強だけで友達を判断することはないと思っていた。

3 もちろん、勉強のよくできる友達は私の助けになるだろう。

해석

정말로 나는 우리 엄마를 이해할 수 없다. 가끔은 엄마를 이해하려고 노력하지만 나는 아직도 엄마가 도대체 어떤 사람인지 잘 모르겠다. 다른 아이들 눈에 비치는 우리 엄마는 거의 내 교육에만 관심을 보이시는 엄마다. 그리고 때로는 아침을 못 먹고 학교에 간 딸에게 간식을 가져다 주실 만큼 자상한 엄마이시기도 하다. 그렇지만 내가 절대로 이해할 수 없는 부분들이 있다. 평소에는 교육에만 관심을 보이시면서, 교우 관계에도 신경을 쓰라고 하신다. 물론 틀린 말은 아니다. 하지만 엄마에게 있어서 친구란 공부를 열심히 하거나 잘하는, 그리고 내가 본받을 수 있을 만한 친구에 해당한다. 우리 엄마는 절대로 단지 공부로 친구를 판단하진 않으실 줄 알았다. 그런데 엄마는 성적이 좋은 아이들을 친구로 정해 주는 것 같다. 물론 공부를 잘하는 친구는 나에게 도움을 줄 수 있다. 하지만 그렇다고 공부 잘하는 친구만 사귀라는 법은 없지 않은가? 난 그러고 싶지 않다. 엄마는 정말로 이해할 수 없는 존재이다.

---

4. 집안일

Part 1

1 다림질
2 じゃぐち・수도꼭지
3 みずけ・물기
4 ものほし・빨래 건조대
5 しめっぽい・눅눅하다
6 ほうちょう・칼
7 したく・준비

Part 2

1 たんす
2 家政婦(かせいふ)
3 流(ながし台(だい)
4 壁紙(かべがみ)
5 皿洗(さらあら)い
6 しみ
7 ゴミ箱

Part 3

1 部屋をきれいに掃除しようと決心した。

2 ごみはゴミ箱に入れた。

3 洗濯物を洗濯機から取り出した。

4 残った食べ物をおかず入れに入れた。

5 きりがない家事が私を疲れさせる。

Part 4

1 部屋全体が散らかっていた。

2 服の色が変わった。

3 洗濯物をたたんだ。

4 食卓の上におかずを並べた。

5 家の家具の配置がえをした。

6 水漏れするところをふさいだ。

7 電話が故障した。

8 電気が切れた。

9 ドアが開かない。

10 家ですることがとても多かった。

Part 5

1 家事というものはとてもしんどいということを改めて感じさせられた。

2 家で洗濯できる服を集めて、色別に分けたあと、洗濯機で洗濯した。

3 家族がひとりふたりと帰ってきはじめて、みんな一緒に夕食を食べた。

해석

오늘 하루 종일 집에서 집안일을 하면서 집안일이 너무 힘겹다는 것을 또 한 번 깨달았다. 아침에 아침식사를 차리고 설거지를 했다. 부엌에서의 일을 끝마치고 집 안을 청소했다. 해야 할 빨래가 많았다. 세탁할 수 있는 옷을 모아서 색깔별로 분류했다. 그런 후 세탁기로 빨래를 했다. 빨랫줄에 빨래를 널 때 허리가 좀 아팠다. 앉아서 좀 쉬고 싶어져서 시간을 보니 점심시간이었다. 점심으로는 빵을 먹었다. 잠깐 동안 전공 공부를 하고 나니 다시 저녁 식사를 준비할 시간이었다. 쌀을 씻고 김치 찌개를 끓였다. 식구들이 하나둘 들어오기 시작했고, 다 같이 저녁을 먹었다. 정말 힘겨운 하루였다. 세상에서 집안일이 가장 힘든 것 같다. 특히 주부들이 다른 여성들보다 더 힘든 것 같다.

5. 일상생활

Part 1

1 딸꾹질
2 노곤하다
3 가위바위보
4 ひきにげ・뺑소니
5 あやまち・실수
6 せんとう・대중 목욕탕

Part 2

1 下痢(げり)
2 乗(の)り換(か)える
3 メル友(とも)
4 お小遣(こづか)い
5 鼻(はな)をかむ
6 小切手(こぎって)

Part 3

1 コーヒーを飲むと手が震える。
2 バス停に多くの人が並んでいた。
3 信号機ごとに、信号に引っ掛かった。
4 私達はずっと前に連絡がとぎれた。
5 私はパソコンに関することならだれにも負けることはない。
6 お金をドルに替えた。

Part 4

1 だいたい7時ぐらいに朝ごはんを食べる。
2 ラッシュアワーのとき、私は地下鉄に乗る。
3 切符を買うために、切符売り場の前に並んだ。
4 満員バスに乗ることに疲れきった。
5 エンジンがかからなかった。
6 交通渋滞で身動きできなかった。
7 家に帰ってきてすぐ電子メールを確認した。
8 通話中だった。
9 孤児院の子供達の勉強を手伝った。
10 過ってだれかの足を踏んでしまった。

Part 5

1 そのレストランは、ステーキで有名なお店だ。
2 私の家族は、ひとつも残さずにきれいに食べほした。
3 私が行ったことのあるレストランの中で最高だった。

해석

우리 가족은 종종 외식하는 것을 좋아한다. 오늘도 우리 가족은 아주 멋진 식당에서 맛있는 저녁 식사를 했다. 그 식당은 스테이크로 유명한 식당이다. 나는 그 식당의 아늑한 분위기를 참 좋아한다. 음식 가격도 비싸지 않고 적당했다. 우리는 모두 스테이크를 주문해서 먹었는데 정말 맛이 좋았다. 우리 가족은 하나도 남기지 않고 그릇을 깨끗이 비웠다. 후식으로 달콤한 과일과 아이스크림이 나왔다. 더 먹고 싶었지만 살이 찔까봐 그만 먹었다. 그 식당은 내가 가 본 식당 중 최고였다. 외식을 할 때 가족 간에 더 많은 대화를 할 수 있어서 좋았다. 식사를 마치고 근처의 공원에서 산책을 했다. 산들바람이 불고 있어 정말 좋았다. 주말마다 외식하는 것이 우리에겐 즐거움이다.

6. 집안 행사

Part 1

1 엉망진창임
2 まちどおしい・몹시 기다려지다
3 はなたば・꽃다발
4 うそをつく・거짓말하다
5 いなかくさい・촌스럽다
6 たいくつ・지루함
7 おとしだま・세뱃돈

Part 2

1 エイプリルフール
2 年賀状(ねんがじょう)
3 年(とし)をとる
4 誕生日(たんじょうび)
5 陰暦(いんれき)
6 花火(はなび)
7 忘年会(ぼうねんかい)

Part 3

1 私は今年いくつかの新しい計画を立てた。

2 チュソクの代表的な食べ物はソンピョンだ。

3 だれも気付いてくれないまま私の誕生日は過ぎて
しまった。

4 今度の誕生日は永遠に忘れられないだろう。

5 忘れることのできないバレンタインデーだった。

6 父母の日にハンカチをプレゼントした。

Part 4

1 私たちはソルラル〔チュソク〕の茶礼の料理を準備
した。

2 そのお金は自由に使いたかった。

3 花で私の気持ちを伝えた。

4 私はパーティー準備で忙しかった。

5 私は彼らがパーティーに来てくれたので感謝した。

6 彼らは私を温かく迎えてくれた。

7 家に帰る時間になった。

8 パーティーで疲れるくらい遊んだ。

9 クリスマスまでもう少しだ。

10 年末が近づいてきた。

Part 5

1 交通渋滞で身動きができなかった。

2 ほとんどすべての道が渋滞しているといっていた。

3 私たちが納める税金で何をしているのか。

해석

기분이 그리 좋지 않다. 하루 종일 구토를 했다. 아무래도 할머니 댁에서 너무 많이 먹은 것 같다. 다른 사람들은 도 대체 새해를 어떻게 보내는지 궁금했다. 정말이지 나는 도 로 위의 차들을 모두 날려 버리고만 싶었다. 대구에서 서 울까지 오는 데 10시간이 걸리다니! 지옥에 있는 것만 같 다. 교통 체증으로 꼼짝할 수가 없었다. 라디오에서는 고향 에서 올라오는 사람들의 차들로 거의 모든 도로가 꽉 막혀 있다고 했다. 오는 길에 소변이 보고 싶었지만 화장실을 찾 을 수가 없었다. 고속도로 휴게소에 도착할 때까지 참아야 만 했다. 나는 정말 정부 차원에서 이런 일에 대한 대책이 있어야 한다고 생각한다. 우리가 낸 세금으로 무엇을 하고 있는 것인가? 그들은 도로 주변에 화장실을 더 많이 세워 야 한다. 그러면 차 문을 열어둔 채로 길가에서 소변을 보 는 사람들을 더 이상 보지 않아도 될 것이다. 내년에 할머 니 댁으로 여행 갈 때는 좀 더 편안해졌으면 좋겠다.

7. 식생활

Part 1

1 おおぐい・대식가

2 てごろだ・알맞다

3 かたよる・한쪽으로 치우치다

4 なまぐさ・비린내가 남

5 うでまえ・솜씨

6 あきる・싫증 나다

7 おとくいさま・단골 손님

Part 2

1 塩辛(しおから)い

2 食欲不振(しょくよくふしん)

3 ほうれん草(そう)

4 寿司(すし)

5 外食(がいしょく)

6 よだれ

7 お腹(なか)がすく

8 出前(でまえ)

Part 3

1 私はテーブルに並べられたものはそのまま良く食べる。

2 突然家にお客様が来たら私達は出前をお願いする。

3 私は脂っこい食べ物が嫌いだ。

4 その食べ物は私の口に合う。

5 できるだけ食べ過ぎないようにしなければならない。

6 その料理は砂糖がたくさん入っている。

Part 4

1 私は何でもよく食べる。

2 私は料理が下手だ。

3 今日は私が夕食を準備する番だ。

4 私は真心を込めて、料理を作った。

5 今日は昼ごはんを食べれなかった。/
今日は昼抜きした。

6 私はとてもお腹がすいていた。

7 味が良かった。

8 席がすでに全部予約されていた。

9 料理を少し残した。

10 私は出前をとって食べるのが好きだ。

Part ⑤

1 私の弟は食卓で食べ物を豚みたいにむしゃむしゃ音
　を立てながら食べていた。

2 食卓で気を付けなければならないことがいくつかある。

3 弟は悪い習慣を直してみると言った。

해석

오늘은 부모님께서 외출을 하셔서 동생과 나만 함께 저녁
식사를 하게 되었다. 저녁을 먹으면서 동생이 밥 먹는 것
을 보니 약간 화가 났다. 내 동생은 식탁에서 음식을 돼지
처럼 쩝쩝 소리를 내며 먹었다. 걔는 식탁에서 소리를 내며
먹는 것이 습관이 된 것 같았다. 나는 그 소리가 정말 듣기
싫었다. 그래서 동생에게 식탁예절에 대해 말해 주었다. "식
탁에서 명심해야 할 것이 몇 가지가 있다. 무엇보다 음식
을 먹거나 마실 때 소리를 내지 않아야 하고, 또 한국에서
는 식사 중에 트림을 하거나 코를 푸는 것이 매우 무례하
다고 생각되므로 하지 말아야 한다."라고 말해 주었다. 나
는 동생에게 이제부터는 무언가를 먹을 때는 에티켓을 지
키라고 부탁했다. 동생은 나쁜 습관을 바꾸어 보겠다고 말
했다.

```
8. 의생활
```

Part ①

1 にせもの・가짜, 위조품

2 そで・소매

3 つくろう・수선하다

4 せいそう・정장

5 かわ・가죽

6 きがえる・바꿔입다

Part ②

1 おしゃれ

2 似合(にあ)う

3 手袋(てぶくろ)

4 靴下(くつした)

5 裁縫(さいほう)

6 半(はん)ズボン

Part ③

1 私は流行の最先端の服が好きだ。

2 よくぶかぶかのズボンをはく。

3 その服を着るとかわいく見える。

4 ズボンに小さく穴が開いた。

5 彼に袖を出してほしいとお願いした。

Part ④

1 私は服を毎日着替える。

2 私は服に関する感覚があるようだ。

3 私は人からどんな風に見られるようが気にしない。

4 その服は私には似合わなかった。

5 その服は田舎臭く見えた。

6 彼女は上品に服を着る。／
　彼女は服の着方が上品だ。

7 私はいろんな種類のイヤリングを持っている。

8 そのファッションはとても素敵だった。

9 それは私にはちょっと小さかった。

10 コートのボタンをつけた。

Part ⑤

1 私は太っているという言葉を聞くとストレスがたまる。

2 私はいつもきれいでかわいい服を着たい。

3 デパートで服を買うときはいらいらする。

해석

요즘 내 외모가 걱정이다. 내 생각에 난 살이 찌고 있는 것
같다. 나는 뚱뚱하다는 이야기를 들으면 스트레스를 받는다.
살찌는 것은 쉬운데, 살을 빼는 것은 매우 어렵다. 오늘은
모든 것을 태워 버릴 듯이 더웠지만 추해 보일까봐 민소매
옷이나 짧은 바지를 입을 수가 없었다. 나는 항상 예쁘고
귀여운 옷을 입고 싶어 한다. 가끔은 배꼽티나 멋진 미니
스커트도 입고 싶다. 하지만 그런 옷들은 대개 내게는 너
무 작아 입을 수가 없다. 그런 이유로 백화점에서 옷을 살
때 짜증이 난다. 나는 다이어트를 하기로 결심했다. 인스턴
트 음식이나 정크 푸드는 절대 먹지 않을 것이다. 운동을
하는 것이 살을 빼는 데 가장 좋은 방법이라 생각한다. 내
일부터 매일 아침 조깅을 할 것이며, 밤에는 살을 빼기 위
해 윗몸 일으키기를 할 것이다.

9. 외모

Part ①

1 じみ・수수함
2 やえば・덧니
3 はなげ・콧수염
4 ふっきん・윗몸 일으키기
5 やせる・마르다
6 けしょう・화장
7 ひげをそる・수염을 깎다

Part ②

1 かつら
2 香水(こうすい)
3 唇(くちびる)
4 魅力的(みりょくてき)
5 えくぼ
6 茶色(ちゃいろ)
7 細(ほそ)い

Part ③

1 外見は重要ではない。
2 私の顔が魅力的だと思う。
3 私は鼻が低い。
4 親知らずが生えてきた。
5 私は天然パーマではない髪だ。
6 今日は香水をつけた。

Part ④

1 私は母に似ている。
2 彼はハンサムだ。
3 整形手術を受けたい。
4 私は二重だ。
5 歯がきれいに生えた。
6 私は背が平均より高い。
7 ヘアースタイルを変えたかった。
8 髪を茶色に染めた。
9 外見に敏感な人達が多い。
10 ダイエットをしようと決心した。

Part ⑤

1 頭がボサボサして汚く見えた。
2 美容師に髪を短く切りすぎないように少しだけ
   整える程度にしてほしいとお願いした。
3 今度からは美容院で絶対に居眠りをするものかと
   思った。

해석

집에서 우연히 거울을 보니 머리가 덥수룩하고 지저분하게
보였다. 아무래도 미용실에 가야 할 것 같았다. 좀 더 머리
를 기르고 싶었지만 깔끔하게 손질하기가 어려워 좀 다듬
어야겠다는 생각을 했다. 체육복 차림으로 슬리퍼를 끌고
내가 자주 이용하는 미용실에 갔다. 미용사에게 너무 짧게
자르지 말고 조금만 다듬어 달라고 부탁했다. 난 다른 사
람이 내 머리를 만지면 졸음이 온다. 그래서 머리를 깎는
동안 깜빡 존 것 같았다. 누군가 날 톡톡 치는 것을 느끼고
잠에서 깨서 거울을 봤다. 세상에! 얼굴이 더 커 보이는 머
리 스타일로 정말이지 맘에 들지 않았다. 울고만 싶었다.
이미 어쩔 수 없는 일이지만 내가 불평을 하자 미용사는
이 머리 모양이 내게 아주 잘 어울리고 세련돼 보인다고
했다. 이런 말은 미용사들이 으레 하는 말이라는 것을 나
도 잘 알고 있었다. 다음부터는 미용실에서 절대 조나 봐
라 하고 생각했다.

10. 성격

Part ①

1 がんこ・고집이 셈, 완고함
2 ゆうじゅうふだん・우유부단
3 くせ・버릇
4 にくむ・미워하다
5 こころぐるしい・괴롭다
6 はずかしがりや・수줍음을 잘 타는 사람

Part ②

1 社交的(しゃこうてき)
2 けちんぼう
3 偏見(へんけん)
4 責任感(せきにんかん)
5 はにかみ屋(や)
6 生意気(なまいき)だ

Part ❸

1 私はいつも関心を集める人になりたい。
2 私は克服すべきハンディキャップがある。
3 彼は前準備のしっかりした人だ。
4 彼は難しい要求をたくさんする。
5 彼は彼女を偶像視している。

Part ❹

1 人はだれでも長所と短所を持っている。
2 私は完璧主義者だ。
3 私はいろんな人達とうまく打ち解けあう。
4 彼は相手を思いやる心がある。
5 彼はいつも率先して仕事をこなす。
6 彼は若いが分別力がある。
7 彼は他の人の手本になる人だ。
8 彼は他人を思いやることを知らない。
9 彼は気が短い。
10 彼は融通性に乏しい。

Part ❺

1 携帯で友達に私をどう思っているかを問う
  メッセージを送った。
2 彼らはいつもいろいろなことを手伝い導いてくれる。
3 学校の食堂で昼食を食べるときさえもいつも幸せだ。

해석

며칠 전 휴대전화로 친구들에게 나를 어떻게 생각하느냐고
묻는 문자를 보냈다. 대답 중 하나가 '귀여운 걸 좋아하는
아이'였다. 오늘 다시 그 문자를 보다가 내가 좋아하는것들
에 대해 생각해 보았다. 내가 좋아하는 것들이 많이 있지
만, 그 중 가족과 친구들을 가장 좋아한다. 그들은 나를 항
상 잘 보살펴 주고 이해해 주기 때문에 매우 사랑한다. 가
끔은 그들과 갈등이 있기도 하고 내가 그들을 화나게 하기
도 하지만 그들은 항상 내 모든 일을 도와주고 잘 이끌어
준다. 내가 좋아하는 또 다른 것은 강아지와 고양이, 인형,
아기 등과 같은 귀여운 것들이다. 그런 종류의 귀여운 것
들을 보면 나는 소리를 지르며 다가간다. 또한, 나는 잠자
는 것과 먹는 것을 좋아한다. 나는 음식을 잘 가리지 않으
며 기름진 것, 짠것, 매운것, 단것 그리고 신것을 다 좋아한
다. 비록 맛있지는 않지만 학교 식당에서 점심을 먹을 때
조차도 항상 행복하다.

II. 언행

Part ❶

1 おどろく・놀라다
2 むだだ・소용이 없다
3 わるぐち・욕설
4 ずうずうしい・뻔뻔스럽다
5 くちぐるま・감언이설
6 なぐさめる・위로하다
7 にじ・무지개

Part ❷

1 不平不満(ふへいふまん)
2 おべっか
3 大人(おとな)びる
4 礼儀作法(れいぎさほう)
5 むやみに
6 耳(みみ)を傾(かたむ)ける
7 雰囲気(ふんいき)

Part ❸

1 目上の人に会ったら、当然挨拶をすべきだ。
2 私は約束を必ず守る。
3 彼は誰にでも親切だ。
4 私は、当惑するとどもってしまう。
5 彼はまるですべてのことを知っているかのように話す。
6 絶対に放棄するなと助言を受けた。

Part ❹

1 人はたくさん学ぶほど、さらに謙遜にならなければ
  ならない。
2 彼が私に文句をつけてきた。
3 彼が言った言葉が私を傷付けた。
4 どうしたらいいか分からずに、言葉を失った。
5 彼のうそがばれた。
6 二度とそんな風にはしないと約束した。
7 友達にいくつか忠告をしてあげた〔やった〕。
8 彼は私に勇気を出せと激励してくれた。
9 すべてうまくいくだろう。
10 あなたのために祈っています。

Part ⑤

1 私は絶対彼の感情を逆撫でしようとする意図は
　なかった。
2 彼は本当にいい友達だと思う。
3 私たちはきっといい友達として仲直りできると思う。

해석

나는 학교에서 상담 선생님과 상담을 했다. 친구와 작은 문제가 있었기 때문이었다. 오해로 생긴 문제였는데, 내가 그의 외모에 대해 이야기를 한 것이 발단이 되었다. 나는 원래 그런 말을 하려고 했던 것은 아니었다. 나는 절대 그의 감정을 상하게 할 생각이 아니었다. 나는 그와 친하게 잘 지냈고 그는 내 오랜 친구였다. 나는 그가 정말 좋은 친구라고 생각한다. 그는 친구가 부탁을 하면 항상 흔쾌히 들어준다. 게다가 행실도 매우 바른 친구이다. 그런 이유로 반 친구들 모두 그를 좋아한다. 나도 그처럼 인기가 있었으면 하고 바라기도 했다. 나는 어떻게 문제를 해결해야 할지에 대해 상담 선생님께 여쭈어 보았고, 선생님께서 조언해 주시기를, 내가 한 일에 대해 그에게 사과해야 한다고 하셨다. 나는 그런 말을 한 것에 대해 정말 미안하다고 말했다. 우리는 다시 좋은 친구가 되리라 생각한다. 다시는 우리의 우정이 깨지지 않기를 진심으로 바란다.

12. 건강

Part ①

1 やけど・화상
2 なんこう・연고
3 눈부시다
4 しょうにか・소아과
5 ほうたい・붕대
6 じょうざい・알약
7 ふくさよう・부작용

Part ②

1 仮病(けびょう)
2 偏頭痛(へんずつう)
3 食中毒(しょくちゅうどく)
4 刺(とげ)が刺(さ)さる
5 虫歯(むしば)
6 使(つか)い捨(す)て

7 お見舞(みま)い

Part ③

1 私は見た目より体が弱い。
2 たばこの煙のせいで、息をすることができなかった。
3 食事をしたら、ちょっとよくなった。
4 傷に、刺されるような痛みを感じた。
5 石につまずいて転んだ。
6 処方せんなしで、薬を買うことができなかった。

Part ④

1 健康より貴重な〔大切な〕ものはない。
2 ストレスは少しずつ健康状態を悪くする。／
　ストレスは少しずつ健康状態を悪化させる。
3 朝ご飯を抜くことは健康を害する。
4 休息は健康の助けになる。
5 私は風邪をよくひく。
6 痛みを我慢することができなかった。
7 私は消化力が弱い。
8 サッカーをしている途中で、足を痛めた。
9 視力が落ちてきている。
10 私は2週間病院に入院していた。

Part ⑤

1 長い間正体を隠していた風邪のウイルスが帰ってきた。
2 風邪をひかないように注意しなさい。
3 一日中鼻水が出て、頭痛もひどかった。

해석

오랫동안 자취를 감췄던 감기군이 돌아왔다. 감기군은 인터넷으로 연재되는 만화 일기의 한 캐릭터이다. 그는 사람 모양을 했지만, 눈코입은 없고 얼굴에 '감기'라고 적혀 있으며 온몸이 파란색이다. 그 만화에서 그는 매년 겨울마다 주인공에게 찾아온다. 불행히도 내가 시험 준비를 하고 있을 때 감기군이 찾아온 것이다. 어제 아빠께 전화를 하자 아빠는 "요즘 시험 공부하고 있니? 감기에 걸리지 않도록 조심해라!"라고 말씀하셨다. 시험 전에 감기에 걸리는 건 극히 드문 일인데, 이번 학기에는 감기에 걸리고 말았다. 지금은 숨 쉬기도 어렵다. 하루 내내 콧물이 흐르고 두통도 심했다. 시험을 망칠 것 같은 기분이 든다. 아! 안돼! 제발 하루라도 빨리 떠나 줬으면 좋겠다.

13. 학교 생활

Part 1

1. ふとくい・잘 못함
2. ずばぬける・뛰어나게 우수하다
3. おこたる・게을리 하다
4. こごと・잔소리
5. いちやづけ・벼락치기 공부
6. ろうにん・재수(생)
7. ききとり・듣기

Part 2

1. 幼稚園(ようちえん)
2. 型(かた)にはまる
3. 朝寝坊(あさねぼう)
4. 羨(うらや)ましい
5. 夏休(なつやす)み
6. 単位(たんい)
7. 徹夜(てつや)

Part 3

1. 父が学校の前で降ろしてくれる。
2. 友達の変わりに返事をした。
3. 私はその問題の重要性を強調した。
4. 先生の説明をよく理解した。
5. 試験のために、たくさんのストレスを受けた。
6. 何の勉強をどうやってしたらいいのか分からない。

Part 4

1. 私達の学校は8時に始まる。
2. 学校を早退した。
3. その授業についていけなかった。
4. 彼は他の学生よりずば抜けて〔ずっとすぐれて〕いるようだ。
5. 自信満々に〔堂々と〕自分の意見を発表した。
6. 授業中に居眠りした。
7. 私は本当に英語を流暢に話したい。
8. 今回は成績がとても上がった。
9. 私は仏文学の学士学位を取得した。

10. その講義は本当におもしろくなかった。

Part 5

1. 他の子達と教室を入れ替わった。
2. 期待していたほどの効果をもたらすことができなかった。
3. 私たちは、とてもびっくりして、自分の教室に急いで帰って来てしまった。

해석

오늘은 4월 1일, 만우절이다. 올해는 선생님들께 장난을 많이 쳐서 이제는 피곤할 정도이다. 오늘 우리는 수학 시험을 보기로 되어 있었는데 시험 보기가 싫어서 다른 아이들과 교실을 바꾸었다. 하지만 수학 선생님께서 시험을 봐야만 한다고 하시며 직접 올라오시는 바람에 선생님 속이기는 실패하고 말았다. 그 다음 세계사 시간에 우리는 각자의 휴대전화를 2시 정각에 알람을 맞춰 놓고 숨겨 두었다. 동시에 울리기를 기대했었는데 누군가의 휴대전화가 먼저 울리는 바람에 기대했던 만큼은 효과를 거두지 못했다. 일본어 시간에는 어떻게 할지 의논하다가 결국 나를 포함한 8명의 아이들이 다른 교실로 들어갔다. 선생님께서 "교실을 이동한 학생들, 앞으로 나와!"하시며 고함을 지르셨다. 우리는 깜짝 놀라 우리 교실로 돌아오고 말았다. 어쩔 수 없었다. 어쨌든 정말 재미있는 하루였다.

---

14. 학교 행사

Part 1

1. ふりしぼる　있는대로 쥐어짜다
2. てつだう　도와주다
3. すすめる　추천하다
4. おみやげばなし　여행할 때 있었던 이야기들
5. かろうじて　간신히

Part 2

1. 英会話(えいかいわ)
2. 野営(やえい)
3. 遠足(えんそく)
4. 思(おも)い出(で)
5. 宝物探(たからものさが)し

103

Part ❸

1 胸がとてもどきどきした。

2 各サークルがいろいろな行事を準備した。

3 私は音楽に合わせて一生懸命踊った。

4 忘れることのできない思い出になるだろう。

5 先生が新しい教科書を配ってくれた。

6 私にはとても興味深くて、意味のあるキャンプだった。

Part ❹

1 今年、私は中学校に入学する。

2 勝負のつけがたい競技が多かった。

3 私達のチームを一生懸命応援した。

4 すべての競技において、私達のクラスが勝った。

5 学園祭を楽しんだ。

6 私はどのサークルにも入っていない。

7 とても興奮して、眠れない。

8 海岸でキャンプをした。

9 宝物探しをした。

10 私は飛行機に初めて乗った。

Part ❺

1 私はSグループに配属された。

2 時間が過ぎるにつれて、親しい友達ができた。

3 私達は楽しそうな雰囲気にたちまちのめり込んだ。

해석

나는 오늘 예비 대학생을 위한 오리엔테이션에 참가했다. 처음 만나는 사람들이어서 매우 어색했다. 우리는 열네 그룹으로 나뉘었는데 나는 S그룹에 배정되었다. 우리는 캠핑장으로 가기 위해 버스에 몸을 실었다. 나는 mp3 플레이어를 듣고 있는 한 학생 옆에 앉게 되었다. 나는 어색한 분위기를 깨고 싶어서 그녀와 눈을 맞춰 보려고 애썼다. 그녀는 계속 창밖을 보고 있어서 별 효과가 없었다. 도착지에 도착하기까지 3시간이라는 긴 시간이 지났지만 그 시간 동안 그녀에게 한 마디도 걸지 못했다. 시간이 흐르면서 친구들을 사귀게 되었다. 밤에는 정말로 멋진 파티가 시작되었다. 우리는 흥겨운 분위기에 금세 도취되었는데 그것은 아무래도 우리의 젊음 때문이 아닐까 싶다. 우리와 함께 온 선배들, 교수님들과 함께 게임을 했다. 새로 사귄 친구들과 밤새워 이야기도 했다.

---

15. 친구

Part ❶

1 くちげんか・말다툼

2 かんちがい・착각

3 あいだがら・사이, 관계

4 かたおもい・짝사랑

5 おろか・어리석음

Part ❷

1 付(つ)き合(あ)う

2 告(つ)げ口(ぐち)

3 恋(こい)しい

4 同窓会(どうそうかい)

5 いたずら

Part ❸

1 私の悩みを打ち明けることのできる友達が必要だ。

2 彼の話はいつも私を楽しくしてくれる。

3 友情の絆を強くするために、私達はよく会う。

4 彼の行動はとても行きすぎていた。

5 長い間、彼の便りを聞くことができなかった。

6 大変なときに手伝ってくれる友達こそが本当の友達だ。

Part ❹

1 私は彼と友達になりたい。

2 外国から来た友達がいるということは、本当に興味深いことだ。

3 私は特別な理由なしに彼が嫌いだ。

4 私達はいっしょに育って、いっしょに学校に通った。

5 私達は5年間友達として過ごしてきた。

6 私達の友情が永遠に持続することを願う。

7 私は彼と仲よく過ごしている。

8 彼は本当におもしろい友達だ。

9 彼は私によくしてくれる。

10 彼は本当の意味での友達ではない。

Part ❺

1 私は5年ぐらい前に洋子と偶然知り合い、メル友になった。

2 通信技術の驚くべき発達を実感することができた。

해석

오늘은 이메일 친구인 요코와 채팅을 했다. 우리 둘은 비록 멀리 떨어진 곳에 있지만 채팅을 할 수 있다는 것에 정말 기뻤다. 나는 한 5년 전쯤 요코와 우연히 이메일 친구가 되었다. 한 번은 요코가 나한테 MSN ID가 있는지 물어봤다. 난 당연히 가지고 있었다. 그래서 인터넷에서 채팅을 할 수 있게 되었다. 새벽 1시까지 안 자고 있었는데 요코가 나한테 메시지를 보냈다. 와! 통신 기술의 놀라운 발달을 실감할 수 있었다. 우리는 약 한 시간 정도 요코가 가장 좋아하는 영화 배우인 조니 뎁에 대해 수다를 떨었다. 조니 뎁은 〈캐리비안의 해적〉에서 연기한 배우이다. 요코는 조니 뎁한테 푹 빠져 있었다. 요코는 나에게 영화 〈프롬헬〉을 보라고 추천해 줬다. 조니 뎁이 그 영화에서 정말 환상적이었다고 했다. 그리고 우리의 미래에 대해, 즉 앞으로 무엇을 해야 할지와 같은 것들에 대해 이야기했다.

---

16. 사랑

Part ①

1 はつこい・첫사랑
2 まちぼれ・바람맞음
3 みのる・결실하다
4 うらぎる・배신하다
5 もうしこむ・신청하다

Part ②

1 合(ごう)コン
2 仲立(なかだ)ちする
3 別(わか)れる
4 憂(ゆう)うつ
5 見合(みあ)い結婚(けっこん)

Part ③

1 彼と楽しいデートをした。
2 愛という言葉よりもっとロマンチックな言葉はない。
3 私は些細なことで彼とよく口喧嘩をする。
4 私の愛が冷め始めた。
5 別名、彼はホラ吹き屋だった。
6 彼は私を2時間待たせた。

Part ④

1 友達が彼を私に紹介してくれた。
2 私は彼にカフェで初めて会った。
3 胸がとてもときめいた。
4 彼はどこかでよくみかける人みたいだった。
5 彼女は私の理想のタイプだった。
6 私達は一目惚れをした。
7 私は彼にデートを申し込んだ。
8 私は変わりのない愛を願う。
9 私は彼に夢中だ。／私は彼にすっかりはまっている。
10 彼といっしょにいると楽しい。

Part ⑤

1 果たして、好きだという感情とは、どんなものだろうか。
2 手紙を彼に出すのは、私の一方的な行動だ。
3 私はなぜその友達を好きになったのだろうか。

해석

도대체 좋아한다는 감정은 어떤 걸까? 어제 겨우 그에게 편지를 보낼 마음을 먹고 오늘은 준비까지 해 놨는데 지연이를 만나서 상의한 후, 그에게 편지 보내는 걸 포기했다. 내가 쓴 편지 내용을 읽으면서, 누군가 그것을 읽는다면 내가 "연애 소설이나 만화를 너무 많이 읽은 것 같다."고 생각할 것 같았다. 결국 너무 유치해서 편지를 찢어 버렸다. 저녁때 쯤 되니 내가 누굴 좋아하는지도 모르겠고 혼란스럽기 그지없었다. 지연이는 일단 메신저를 이용해서 고백을 해 보라는데, 그렇게 할 용기가 나지 않는다. 편지를 그에게 보내는 것은 내 일방적인 행동이지만, 인터넷에서 메신저로 대화하는 것은 그의 반응을 알 수 있는 직접적인 의사 소통이다. 그냥 내일 고백을 해 버릴까? 정말 긴장된다. 난 왜 그 친구를 좋아하게 된 것일까? 정말 혼란스럽다. 시원한 해결책이 있었으면 좋겠다.

---

17. 취미 활동

Part ①

1 ししゅう・자수
2 はたけちがい・전문 분야가 아님
3 ずあん・도안

4 てさき・손재주

5 やきつけ・인화

6 むちゅうだ・열중하다

7 やまのぼり・등산

Part ②

1 生(い)け花(ばな)

2 音痴(おんち)

3 額縁(がくぶち)

4 写真(しゃしん)を撮(と)る

5 収集(しゅうしゅう)

6 足を挫く(あしをくじく)

7 翻訳(ほんやく)

Part ③

1 秋は、夕方読書するのにとてもいい季節だ。

2 私は1ヶ月に少なくとも小説1冊は読む。

3 ベートーベンは、私が一番好きな作曲家だ。

4 ひとつの作品を終わらせるのに、多くの我慢が
必要だった。

5 私は、私が訪問する色々なところで記念品を収集
する。

Part ④

1 言葉にできないほどだった。

2 その本にはまった。

3 私は歴史の話に関心がある。

4 本を借りるために図書館に行った。

5 その音楽は本当に感動的だ。

6 私はどんな楽器も演奏することができない。

7 私は写真をお願いして撮った。

8 写真が実物より悪かった〔まずかった〕。

9 私は犬を連れて散歩に出かけた。

10 彼は歌だけでなくギターも弾く。

Part ⑤

1 どうやってそんなに大きな声が出るのかとても
びっくりした。

2 あんなに楽しいとは思わなかった。

3 拍手をとてもたくさんしたので、手のひらから火が
出るようだった。

해석

와! 오늘은 정말 즐거웠다. 3학년을 제외한 나머지 학생들이 학교 음악회에 갔다. 나는 음악 듣는 것을 좋아하기 때문에 거기에 가는 것이 정말 신났다. 2학년 학생이 드라마의 주제가를 불렀는데, 그렇게 자그마한 몸에서 어떻게 그렇게 큰 목소리가 나올 수 있는지 매우 놀라웠다. 그 목소리는 정말 감미로웠다. 몇 곡의 노래가 끝나고 몇몇 남학생들이 추는 한국의 전통 춤을 보았다. 나는 전에 TV에서 그런 종류의 춤을 본 적이 있었지만 그렇게 신날 줄은 몰랐다. 매우 인상적이었다. 박수를 너무 많이 쳐서 손바닥에 불이 나는 줄 알았다. 시간이 여유롭지 못해서 3년 동안 음악회에 가 본 적이 없었다. 대부분의 시간을 집이나 학교에서 공부를 하며 보냈다. 우리 학교가 학생들에게 다양한 문화를 경험할 수 있는 기회를 더 많이 제공해 줬으면 좋겠다.

18. 운동

Part ①

1 するどい・날카롭다, 예리하다

2 せいせいどうどう・정정당당

3 はいぼく・패배

4 やくだつ・도움이 되다

5 こころをうばわれる・마음이 사로잡히다

6 なまちゅうけい・생중계

Part ②

1 ボールを蹴(け)る

2 野球(やきゅう)

3 延長戦(えんちょうせん)

4 水泳(すいえい)

5 競技(きょうぎ)

6 平泳(ひらおよ)ぎ

Part ③

1 運動をしない人達がたやすく怪我する傾向にある。

2 適度な運動は健康を増進させる。

3 ストレッチングは柔軟性を向上させてくれる。

4 気分転換をするために運動をする。

5 今年の夏には海に泳ぎに行くつもりだ。

Part ④

1 運動は適度にすべきだ。
2 過度な運動は害になることもある。
3 私はどんな運動でも全部好きだ。
4 私はサッカーに夢中だ。
5 競技ルールについて、詳しく習った。
6 私は興奮せざるを得なかった。
7 その競技は、延長戦にまでなった。
8 卓球をしに体育館に行った。
9 相手のチームが勝った。
10 3対2の点数で勝った。

Part ⑤

1 足にだけでも7個所以上あざができたくらいだから。
2 精神的にも私のためになるということを知った。
3 ともあれ、私に幸運が訪れてくれたらと思う。

해석

매우 긴장이 된다. 드디어 내 태권도 실력을 점검해 볼 수 있는 기회를 갖게 된다. 나는 다른 아마추어 대학생들과 겨루기 위해 중앙체육관에 가게 되었다. 나는 지금껏 열심히 연습을 해 왔다. 다리에만도 7군데나 넘게 멍이 들었을 정도니까. 내가 멍든 것을 본 몇몇 친구들은 왜 태권도를 배우냐고 묻기도 한다. 나는 그저 '좋아서'라고 대답한다. 처음에는 살을 좀 빼 보려고 태권도를 시작했다. 그러나 시간이 지나면서, 태권도가 육체적으로뿐만 아니라 정신적으로도 내게 도움이 된다는 것을 알게 되었다. 나를 더 나은 사람으로 만들어 주는 것 같았다. 예를 들자면, 참을성을 배웠고 내 자신에 대한 자신감이 더 생겼다. 사람들이 무술은 남자들만을 위한 것이라고 말하는 것을 그만뒀으면 좋겠다. 그것은 나이와 성별에 상관없이 모두를 위한 것이다. 어쨌든 나에게 행운이 있기를 바란다. 이제 잠자리에 들어야겠다. 내일 아침, 대회에 늦지 않도록 일찍 일어나야 한다.

---

19. 쇼핑

Part ①

1 しょうどうがい・충동구매
2 うりきれ・매진
3 まえばらい・선불
4 はらいもどし・환불
5 こういしつ　탈의실
6 はで　화려함

Part ②

1 賞味期限(しょうみきげん)
2 ただ
3 手(て)に入(い)れる
4 在庫(ざいこ)
5 領収書(りょうしゅうしょ)
6 傷(きず)

Part ③

1 私はショッピング中毒者ではない。
2 店員に他のものを見せてほしいと言った。
3 私が期待していたほどよくなかった。
4 最近出た新商品だった。
5 やっと私が願っていた物を手に入れた。

Part ④

1 友達に一緒に買い物〔ショッピング〕に行こうと言った。
2 デパートはとても混みあっていた。
3 買いたいものがたくさんあった。
4 デパートがセール中だった。
5 その商品は、全部売れて、なかった。/
その商品は売り切れだった。
6 一目見て、とても気に入った。
7 私が探しているスタイルがなかった。
8 どんなに高くてもそれを買いたかった。
9 私は、躊躇しないでそれを買った。
10 品質保証期間は1年だ。

Part ⑤

1 今日は友達とデパートへショッピングに行った。
2 それはセールをしている商品だった。
3 私が貯金するのはただプレゼントを買うためのようなものだと思った。

해석

오늘은 친구와 백화점에 쇼핑을 갔다. 시내의 모든 백화점들이 빅 세일을 하고있었고, 나는 친구의 생일 선물을 사려고 했다. 친구의 생일은 다음 주이다. 그녀는 멋진 반지를 끼고 다니는 것을 정말 좋아해서 나는 그녀에게 끝내주는 반지를 하나 사 줘야겠다고 마음먹었다. 내가 간 첫 번째 가게에서 정말 예쁜 반지 하나를 보았다. 그러나 너무 비싸서 다른 것을 찾아 보았다. 드디어 그녀가 정말 마음에 들어할 만한 것을 발견했다. 다행히도 그것은 세일 품목이었다. 싼 가격으로 그녀에게 그 반지를 사 줄 수 있어서 매우 기뻤다. 내가 사 준 그 선물이 그녀의 마음에 꼭 들기를 바란다. 언니의 생일도 다음 달에 있다. 지금부터는 언니에게 선물을 사 줄 수 있게 돈을 좀 모아야 한다. 내가 저축하는 것은 그저 선물들을 사기 위한 것만 같다.

20. 여가 활동

Part ①

1 さえぎる・가로막다, 차단하다
2 じさぼけ・시차병
3 りっぱ・훌륭함
4 어색하다
5 ふうぎり・개봉
6 しばふ・잔디밭

Part ②

1 展示会(てんじかい)
2 拍手喝采(はくしゅかっさい)
3 触(さわ)る
4 映画鑑賞(えいがかんしょう)
5 割引(わりびき)
6 未成年者(みせいねんしゃ)

Part ③

1 彼は音楽的才能を持って生まれたようだ。
2 その演劇の雰囲気が気に入った。
3 その映画は涙を流させる映画だった。
4 さるが人のまねをするのを見て、おかしかった。
5 自転車で坂道を登るのがとても大変だった。

Part ④

1 私は世界旅行を通じて、いろんな文化を体験したい。
2 その美術館は行ってみるだけの価値のあるところだ。
3 とても成功的な展示会だった。
4 その音楽にとても感動を受けた。
5 その演劇は作られた話だった。
6 その演劇は評判がとてもよかった。
7 普通、1ヶ月に1回映画を見に行く。
8 私は映画にあまり関心がない。
9 私も映画のチケットを買おうと列に並んだ。
10 家族たちと公園に出かけた。

Part ⑤

1 私はこんなに長い間、家を空けたことがない。
2 インターネットサービスを利用したら、多くの経費を節約することができる。
3 ヨーロッパは活気に満ちているようだ。

해석

다음 주 월요일이면 유럽에 가게 된다. 한 달 내내 이날을 기다리고 있다. 물론 길고도 험한 여행이 되리라는 것을 알고 있다. 나는 36일 동안 유럽 전역을 여행할 계획이다. 나는 그렇게 오랫동안 집을 떠나 본 적이 한 번도 없다. 흥분되기도 하고 동시에 걱정이 되기도 한다. 길을 잃으면 어쩌지? 누군가 내 지갑을 훔쳐 가면 어쩌지? 만일 무슨 일이 생기면 어쩌지 하는 생각들이 나를 미치게 만들고 있다. 그러나 나는 자신만만하다. 나는 잘해 낼 수 있을 것이다. 나는 인터넷을 통해 많은 정보를 얻을 수 있었고 비행기 티켓이나 호텔을 예약할 수 있었다. 인터넷 서비스를 이용해서 많은 돈을 절약했다. 나는 유럽으로 떠나기 전에 유럽에 대해 공부를 했다. 유럽은 활기로 가득 차 있는 것 같다. 어서 빨리 출발하고 싶다! 정말 끝내주는 여름 방학을 보내게 될 것이다. 다른 나라의 박물관, 유적지 그리고 정말 멋진 경치들을 보게 될 것을 간절히 기대하고 있다.

21. 직장 생활

Part ①

1 はたらく・일을 하다
2 うりあげ・매출
3 ふくし・복지

4 ひきつぎ・인계, 물려받음

5 とりあつかう・취급하다

6 けいきふきょう・경기 불황

Part ②

1 面接(めんせつ)

2 夜勤(やきん)

3 リストラ

4 自営業(じえいぎょう)

5 黒字(くろじ)

6 主婦(しゅふ)

Part ③

1 その会社はある程度の職業経験を必要とした。
　　　かいしゃ　　　　てい ど　　しょくぎょうけいけん　ひつよう

2 私の仕事に熱意が失われた。
　　　し ごと　ねつい　うしな

3 卒業した後、私は私ならではの事業を始める計画だ。
　そつぎょう　　あと　　　　　　　　　　　　　　じぎょう　はじ　　けいかく

4 父が私に事業を相続させてくれるだろう。
　ちち　　　　じぎょう　そうぞく

5 機会があったら、すぐ職場を変えるつもりだ。
　き かい　　　　　　　　　　　　しょくば　か

Part ④

1 私がその仕事の適任者だと思う。
　　　　　し ごと　てきにんしゃ　　おも

2 職業を選択することが、こんなに難しいとは
　しょくぎょう　せんたく　　　　　　　　　　　　　むずか
　思わなかった。
　おも

3 多くの志願者が面接を受けに来た。
　おお　　し がんしゃ　めんせつ　う　　き

4 やっと就職できた。
　　　　しゅうしょく

5 私は部長に昇進した。
　　　ぶ ちょう　しょうしん

6 しなければならない仕事が多くて、身動きできずに
　　　　　　　　　　　　し ごと　おお　　　　みうご
　いた。

7 私はいつも勤勉に仕事をしようと努力する。
　　　　　　きんべん　し ごと　　　　　　　どりょく

8 私達の会社は勤務条件がとてもいい。
　わたしたち　かいしゃ　きん む じょうけん

9 初取引は成功だった。
　はつとりひき　せいこう

10 社長に辞表を提出した。
　しゃちょう　じ ひょう　ていしゅつ

Part ⑤

1 うまく使いこなすためには、多くの努力が必要な
　ようだ。

2 日本人と直接対話する機会も多い。

3 今からでも少しずつ根気よく日本語の勉強をしよう
　と思う。

해석

우리나라 사람들은 외국어 중에서 일본어는 좀 쉽게 공부할 수 있다고 생각한다. 그 이유로 우선은 영어와 달리 어순이 똑같고, 한자를 통해서 어느 정도 뜻도 짐작이 되기 때문이 아닐까 싶다. 하지만 나는 일단 본격적으로 문법과 회화 공부를 해 보고 "일본어도 역시 외국어였군!"하고 느꼈다. 능통하게 구사하기 위해서는 많은 노력이 필요한 것 같다. 요즘은 세계적으로 인터넷 기술이 너무나 발달해서 일본 사이트에 들어가서 정보를 찾거나, 인터넷 통신 등을 이용할 기회는 정말 많이 늘었다. 그리고, 일본인과 직접 대화할 기회도 많다. 하지만 이때 내 뜻대로 일본어를 유창하게 구사하지 못할 때는 좌절감도 느낀다. 단기간에 일본어에 통달하는 마술 같은 방법은 없을까? 주위에 물어 봐도 외국어라는 것은 하루 아침에 이루어지는 것이 아니라고 한다. 지금부터라도 조금씩 꾸준히 일본어 공부를 해야겠다.